din adamının bunalımı
ya da
yeni tanrı

anselm grün - yılmaz öner

evrensel kültür kitaplığı

din adamının bunalımı ya da yeni tanrı
anselm grün - yılmaz öner
kapak resmi: Saint Antoine Kilisesi'nde Mucize, 1793
(Florida San Antonio Kilisesi fresklerinden detay, Madrid
Birinci Baskı: Nisan 1994
İkinci Baskı: Kasım 1995, Kutay Matbaacılık

ISBN- 975- 7837 - 33- 4

EVRENSEL BASIM YAYIN
Piyerloti cad. 41-B/9 Çemberlitaş-İstanbul
Tel: (0 212)517 82 37 - 638 29 34 Fax: 516 27 53

L. Kania'ya Saygıyla

İÇİNDEKİLER

RAHİP ANSELM GRÜN'ÜN ÖZEL OLMAYAN BUNALIMI

Aydın Çubukçu

Hıristiyanlıkta, "felaketin içindeki mutluluk" motifi, diğer dinlerde olduğundan çok daha etkilidir. "Tanrıya giden yolun acılar içinden geçtiği" inancı, İsa'ya ilişkin bütün öykülerin bir özetidir.

İnsanın belli bir yaştan sonra, doğal olarak içinden geçtiği fiziksel çöküntü ve ruhsal bunaltı da, erdeme ulaşmanın ve yücelişin, ancak "kendinden" uzaklaşarak gerçekleşebileceği yolundaki inanışlar sistematiğinde, bu motiflere bağlanır. Böylece bunalım, örneğin Tauler açısından olduğu gibi, "Tanrının bir şeyleri kurcalaması ve artık işi kendi ellerine alması" olarak yorumlandığında, kişisel bir sorun olmaktan çıkmakta, fakat gene de, içsel ve bir bakıma gizli bir olay olarak kaldığı düşünülmektedir. Birey, bir yandan, sınanma ve kendisiyle hesaplaşma dönemine girmiştir –bu içsel ve tekil bir olaydır–, ama diğer yandan bu, onun sorunu olarak değil, tanrıyla arasındaki ilişkinin bir boyutu olarak kavranmalıdır! Eğer böyle kavranmıyorsa, "yanlış tepkiler" gösterilecek, birçok rahibin hayatında görüldüğü üzere, bunalım, tanrıdan ya da tanrı yolunda sürdürülen çabalardan uzaklaşma sonucunu verecektir.

Yerleşik kanı bakımından, özellikle erkekler için kırk yaş ve sonrası, hayatın geçmiş dönemine acıyla bakma çağıdır. Pişmanlıklar, yılgınlıklar ve yorgunluklar çağı... Din adamı için, pişmanlık, yılgınlık ve yorgunluk, tanrı yoluna koşulmuş bütün bir ömür için yakınma biçimini aldığında, bunalımın eski yaşamı tekrarlayan yollardan atlatılması olanağı kalmamış gibi görünmektedir. Tanrı için harcanmış bir ömrün bütün bıkkınlığını ve boşu boşunalığını, gene tanrıya dönerek onarmak... Grün, bu açmazı, bunalımın başlangıç noktasına tanrıyı koyarak çözmeye girişiyor. Gerçekten, eğer bunalım dışsal bir etkinin inançla çatışması olarak anlaşılırsa, bunalım içindeki rahip bakımından çözüm, din dışına sürüklenmek olarak belirecektir.

Anselm Grün ise, ortayaşla ilgili bunalımların, "insanın yaşamının öğelerini birbirinden ayırıp yeni bir düzene sokmak amacıyla darmadağın eden" etkisini, "tanrının insana acıyarak onu kayırması, onu bu bunalımdan sakınması" için bir fırsat olarak değerlendiriyor: Bunalımın başlangıcında, Tanrı'nın kendisi yer almaktadır ve "yüreğin kendisini açması ve uğradığı bütün hayal kırıklıklarından kendini kurtarması için yüreğe hareketlilik sağlaması" için iradeyi yöneten ve yönlendiren odur.

Başlangıçla sonu bir ve aynı şey olarak görüp gösteren idealist ve metafizik tüm sistemlerin genel evren şemasının kişisel dünyaya uygulanışının bu biçiminde, önde gelen endişe, bunalımın bir dönüşüme, inkâra ve kopuşa yol açması olasılığıdır. Bunalımın, dışsal bir etkiye karşı inancın çatışması olarak değil de, insanın kendi içinde bulduğu tanrıyla daha yoğun bir biçimde karşılaşabilmesini sağlayan bir ortam olarak yorumlanması da bundan kaçınma isteğinin bir ifadesidir. Bu yorum tarzı, ilginç bir tartışmayı özetliyor ve bir tavır belirliyor: Ortayaş bunalımı içindeki kişi, özellikle bir rahip, bu dönemde, tanrıyı kendisini izlemek için bir araç olarak mı görecektir, yoksa, kendisini tanrıya teslim etmek, kendisini onun ellerine bırakmak için bunalımı bir olanak olarak mı görecektir? Anselm Grün'ün notlarından anlaşılan o ki, bir çok rahip, ortayaş bunalımı nedeniyle, tanrılarını inkara yönelmiş ya da en azından yaşadıkları hayatın boşu boşuluğuna inanmış ve dinden sapmıştır. Bu noktada, Grün, din içi tartışmalar bakımından ilginç bir yöntem öneriyor ve perhizin, orucun ve meditasyonun gücünün yetmediği yerde, psikolojiyi yardıma çağırıyor. Özellikle de C. G. Jung'un teorisi, dinsel kavram ve imgelerin, pozitif bilim diline "çevrilmesini" önemsediği ve mümkün gördüğü ölçüde, belki de ters bir yoldan, Grün'ün karşısına, arayışına cevap verebilecek bir içerikle çıkıyor. Rahibin bunalımının, kişisel ve mesleki bir sorun değil, genel ve insani bir durumun özel görünümü olduğuna dolaysız bir işarettir bu.

Bu noktada, aynı genel içeriğin özel bir sosyo-politik hedefin içinde biçim kazanmasına tanık oluruz: Bireysel acı ve ruhsal bunaltının, erdemin kaynağı olarak gösterilmesi ve yüceltilmesi, toplumsal boyutları olan bir işlev taşımaktadır. Kişisel ve özel olanı, genel ve evrensel bir boyut içinde tanımlamak –bir yandan Tanrı'ya, diğer yandan genel insani bir duruma bağlamak–, kesin bir biçimde onu toplumsal ilişkiler bakımından bir etkiyle donatmak, toplumsal ilişkiler ağı içinde dolaşıma sokmak anlamına gelmektedir. Bir başka deyişle, kişisel sorun, bir toplumsal bilinç formu içinde ifade edilerek, ideolojik yapının bütünlüğünde anlaşılabilir ve çözülebilir hale getirilmekte, böylece, acı çekmenin, yoksulluğun ve çaresizliğin genel ve evrensel çapta kapsayıcı bir ilişkinin gereği olduğunun kabul edilmesini öğütleyen inanca bağlanmaktadır. Dinle dünyayı birleştiren ya da, dinin, kendini tanımlamasının aksine, bir başka dünyanın değil, doğrudan doğruya bu dünyanın bir gerçeği olduğunu gösteren de budur.

Bütün bu ağın içinde, rahip ya da köylü, tüccar ya da işçi, kişisel bir bunaltıyı yaşayan herkesin, mekanizmanın kuruluşunu belirleyen düğüm noktalarında tanımlanan birer öge halini aldığı söylenebilir. Böylece din, yalnızca, mülkiyete dayanan sınıflı toplum içi egemenlik ilişkilerinin düzenleyici gücü olarak kalmaz, egemenliğin bireysel düzlemde yeniden üretilmesinin de aracı olarak rol oynar. Dinsel inanç, "kişiye özgü" olma görünüşü altında, siyasal egemenlik mekanizmalarına bağımlılık özünü taşır; kişisel bağlanmayı, sistem içinde toplumsal bir aradalık biçimine dönüştürür.

İşte bu noktada, Rahip Anselm Grün'ün, ortayaş bunalımları dolayısıyla giriştiği "arınma", "kendini ve Tanrıyı bulma" serüveni, genel ve toplumsal bir davranışın küçük evreni (microcosmos'u) olarak değerledirilebilir. Bir iç kavga olarak görünen bu süreç, tam da bu nedenden ötürü, aykırılık ve isyan nüvelerinin, egemenliğin içselleştirilmiş mekanizmaları aracılığıyla yatıştırılması olarak karşımıza çıkar.

Özellikle günümüz Amerikan psikoloji okullarının kişisel sorunlara genel yaklaşımı, sistemin aksaklıklarının ve çöküntülerinin yansımalarını, kişisel aksaklık ve çöküntü olarak "hasta"ya kabul ettirilmesine ve içsel uyum yöntemleriyle bu çelişmenin çözülmesini gerçekleştirmeye yöneliktir. Özetle söylenen şudur: "Herşey yolundadır ve iyidir; aksayan ve kötü olan sensin; akışın içindeki yerini kabullenmeli, uyum sağlamalısın. Ancak böylece huzura kavuşabilirsin!" Din ve gerici psikolojiyi birleştiren en dolaysız ve içsel bağ, bu işlev ortaklığında kendini açığa vurmaktadır. "Sevgiye ulaşma, Tanrı'ya yaklaşma" gibi imgeler, özellikle "yıkıcılık-yapıcılık" gibi karşıtlıklar içinde tanımlanarak bir arınma ve "kendine dönüş" problemi içinde ortaya konulduklarında, mutlak bir biçimde, egemen toplumsal ilişkilerinin düzenleyici mekanizmaları bağlamına oturmaktadır.

Anselm Grün'ün notlarının önemi, bireysel olanla toplumsal olan arasındaki ilişkinin hayatın karmaşık dolayımları içindeki özel bir düğüm noktası açısından tanınmasına olanak vermesindedir. Bazen, gerçeğin kırılmış aynalardan ve çarpılmış prizmalardan geçerek yansıyan görünüşü, olağan bakış açılarından görülemeyecek tayf ayrıntılarını açığa çıkarır ve onun anlaşılıp aşılmasına yepyeni boyutlar ekler.

Burada da, bir din adamının yaşamının sorunlarından yola çıkarak, belli bir hedefe adanmış bir başka yaşamın, örneğin bir devrimcinin yaşamının, genel ve egemen sistematik ilişkiler içinde karşılaştığı iç çelişkiler, bozgunlar, yılgınlıklar ve yorgunluklar üzerine düşünmek için sayısız ipucu bulunabilecektir. Fakat burada her şey, devrimciye, tıpkı tersinden oynatılan bir sinema filminde olduğu gibi görünecektir: Din ve gerici psikoloji açısından önerilen geriye dönüş ve içe kapanma, burada mümkün en büyük güçle ileriye doğru atılma ve yayılma halini alacaktır. Kendini yenileme ve yoluna devam etme istek ve gücünü, geçmişinden ve kendi içinden değil, gelecek duygusundan ve tüm insanlığın kurtuluşu kavgasından alan bir atılımdır bu.

ÖNSÖZ

Yılmaz Öner

İnsan daha çocukluğunun ilk günlerinden bu yana onu bırakmayan bilinçaltı dünyasında tasarladığı ve tasarlayacağı imgelerin pek çok çeşitlerine sahip ve bunların alternatiflerini de yaratabilir; dolayısıyla insan bilinçaltındaki (telafi-) dürtüleri sayesinde ya bir imgeyi "aynen (olduğu gibi)" bırakıyor ya da "alternatifleyerek" başka bir imgeye geçebiliyor. İşte "imgeyi aynen koruyan veya bu yaratış ve geçişleri sağlayan dürtüler", kısacası imgeye yönelen içgüdüler dünyasına Akıl-Ruh (esprit) diyoruz.

Akıl-Ruh'un işlev tarzı üretim-ilişkisine benzer şekildedir, kısacası "bilinçaltındaki telafi dürtüsünün yine oradaki kayıp duygusuna hareket kazandırıp onu dışa vurması" şeklinde (bak. Bilinçaltından Aklın Ruhuna Ulaşmak, Anahtar Yay. S.112), ki bunu objektif dünyanın diliyle söylersek, aklın ruhunun işlev tarzı "tüketilen (kaybedilen) şeyin imgesini yeniden-üretme (ilişkisi)" anlamına geliyor.

Şimdi bilinçaltındaki duyguları aynen yeniden-üretecek, özellikle tüketilen (kayıp olarak hissedilen) nesneye yönelik duyguları "alternatifleyemeden telafi edecek duyguların —kısacası alternatifsiz veya aynen telafi duygusunun— kendi içgüdüsünün dürtüsüyle düşünmenin yollarını nasıl hazırladığını görelim" (a.g.e. S.11)

Bilinçaltımızda oluşan bir duygunun, kendi imgelerini terk edemezliği kendi izlediği yolun aynı kalışı, kendini alternatiflemeksizin (yani aynen) yeniden üretmesi ratio'yu (mantıkçı aklı) ve onun yöntemini hazırlıyor, dolayısıyla Tıpkılaşma'nın tabanını yaratıyor. (a.g.e. S.11-12) Peki "önceki (veya yepyeni, yani zaman içinde öncesi olmayan) bir durumun" nitelik açısından aynısı —ya da tıpkısı— olmayan, tıpkılaşmanın tabanını yaratamayan bir şeyi fiilen onaylamak (anlamında yeniden-üretmek) bir risk değil midir? Ve "canlılığını koruma-sürdürme içgüdüsü"ne sahip hangi canlı yaratık üstlenebilir bu riski, "öncesi olmayan bir şeyden doyum ve haz sağlama riski"ni?

İşte her canlı yaratığın edimleri bu kritik riski aşmamakla sınırlıdır ve bir canlı varlık olan insanın da, kendine doyum ve haz sağlayan bir şeyin yepyeni denen alternatifini, onu tercih etsin etmesin, arayıp bulamadığı ya da alternatif imgesini yaratamadığı sürece, aynı şeyleri veya elinde mevcut şeylerin aynısını üretmekten ve bunlarla doyum ve haz kazanmaktan başka çaresi var mıdır?

İşte mantıkçı aklın kökeni de bu zorunlulukta yatıyor veya çarelerin sınırlanmış oluşunda; daha doğrusu insanın edimlerinin, "canlılığın kendini koruma doğası" gereği olarak, söz konusu kritik risk (yepyeniyi yeniden-üretme riski) ile sınırlanmış oluşunda...

Öyle değil mi, canlılık fenomeni, fenomenler evreni içinde yaşar-kalma yeteneğini koruyabilmek için Evrim Koridoru dediğim o daracık sokağın dışına çıkabiliyor mu? (bak. Canlıların Diyalektiği, Y.Öner, 1978). O halde diyoruz, insanın bir canlı olarak mantıkçı aklı da, evrim koridoru dediğim ve yaşar-kalma mücadelesi boyunca süregelen bu maddesel cenderenin koyduğu sınırlamalarla koşullanıyor.

O zaman diyoruz ki mantıkçı akıl, telafi içgüdüsünün, bize doyum ve haz sağlayan imge ve nesnelere alternatif bulamayıp (bunları) eldekileri aynen yeniden üretmeye zorlanmış (zorlanmayla veya sınırlanmışlıkla koşullanmış) biçimidir. Ve bu sınırlanmışlık (ki buna, canlı-ruh'un enlemsel ufkunun daralması diyorum) yüzündendir ki rasyonalizm (yani mantıkçı akılcılık) burnunun diklemesine gidiyor. Bir başka deyişle, ratio ve rasyonalizmin doğasında, imgeleri aynen-yeniden-üretmeye yatkınlık var, mekanikçiliğin ve taklitçilik ile tıpkılaşmanın ana ilkesi var.

Bu yüzdendir ki, birtakım egemenlikçi toplumsal kesimler, T. Adorno'dan yaptığımız "Eleştiri Yazılar" adlı çevirinin Sonsöz'ünde belirttiğim gibi, ratio'nun kendi doğasındaki aynen-yeniden-üretimci tutkuyu sonuna kadar sömürülmeye pek elverişli bulurlar. Dolayısıyla ratio'nun, insanların doyum ve haz sağladıkları nesnelerde ve imgelerde kendi işlerine gelmeyen arıza ve tehditleri arıtıp örtbas etme huyu, kısaca toplumun, sistemi mevcut ya da onları belledikleri yoldan kurtaran yepyeni alternatifleri arıtıp damıtma tutku ve çizgisi (ideolojisi) boyunca yol alması onların çıkarınadır; ratio'nun doğasındaki bu yatkınlığı teşvik eder, ona övgüler yağdırırlar. Ratio'nun tüm filozoflarca baştacı edilmesinin nedeni buydu, yani felsefenin egemenlikçi kesimlerden, tehdit damıtmacısı sınıflardan kaynaklanmasıydı... Oysa ratio'nun doğasını, felsefede şimdiye kadar yapıldığı gibi, müdahale ve arızalardan, tehdit ve çarpıtmalardan soyutlayıcı idealist birtakım ilke ve kategorilere değil, burada olduğu gibi, doğrudan daha çocuğun bilinçaltı dünyasının imgelerine, daha doğrusu imgelemi (fantaziyi) gerçeklere dayandırmak önemli! Evet, benim için Ratio'nun, çarpıtılmış, zarara ve arıza'ya uğratılmış imgeleri damıtıp arındıran ve imgeleri aynen-yeniden-geriye kazandıran içgüdülere (özellikle suçluluk duygusu yoluyla telafi içgüdüsüne), bu içgüdülerin giriştiği aynen-yeniden-üretimci adımlara dayandığını göstermek çok önemliydi. Öyle ya, ratio, şimdiye kadarki bütün felsefelere özgü o çarpıtma ve arızalara gözlerini kapayan idealist kurgular içine gökten zembille inmiş gibi oturtulmaktan kurtarılmalıydı artık.

Öyle ya, ratio, gerçekliğin bağrındaki aksaklıkları, arıza ve çarpıklıkları görmezlikten gelmeye, örtbas edip damıtmaya, onarıp gizlemeye çalışan o alternatifsiz telafi içgüdüsünden kurtarılmalıydı. (bak. a.g.e. Önsöz ve Mantıkçı Aklın Kökeni, s.67-69). Kısacası insan, daha bilinçaltında kendisini "tıpkılaşmaya zorlayan" o seçeneksiz telafi içgüdüsünden kurtulmalıdır. Ne zaman? Eğer bu makinalaştırıcı rasyonal dürtülerden kurtulup da özgürleşmek, yani gerçek Tanrı'ya varmak istediği zaman. Ama büyük dinlerin tüm mistik düşünürleri gibi, Tauler ne yapıyor? (1.1.) "Bilinçaltına inerken" sadece arınmak, özellikle suçluluk duygusundan arınmak amacıyla iniyor. (1.2) Oysa ne var ki orada duyguları, özellikle suçluluk duygusunu alternatiflendiremiyor, alternatifleyemiyor; böylece bilinçaltının bile sadece ve yine rasyonalist biçimde —yani yarattığı imgeleri yalnızca aynen-yenidenüretecek, ama alternatiflerini oluşturamayacak biçimde— "kafasının dikine" çalıştığını sanıyor. (bak. yukarıdaki alıntının ilk satırları). (2) Buna karşılık İntellekt'in (anlamcı aklın) yöntemi şuydu (bak. a.g.e. S.69): Sorumluluk duygularına alternatif duygular yaratarak, bu duygunun ardındaki imgeyi aynen-yeniden-üretmekten kurtulmak, yepyeniyi yeniden-üretme riski denen kritik riski aşmak, bu riskin yarattığı korkudan sıyrılmak, kısacası Tıpkılaşmak'tan kurtulmaktı... Başka bir deyişle Özgürleşmekti (bak. yukarıdaki alıntının 3'üncü paragrafı), yani sorumluluk duygusunun alternatiflerine, bireysel değil, sosyal alandaki yapıcı (devrimci) imgelerine yönelmek, böylelikle özgürleşmekti.

Bireyin (kendi denen Bütün'deki) bilinçaltı bölgesine inmeye çabalıyor da, orada bu özgürleşme ihtiyacını nasıl göremiyoruz? Her zaman kendini yenileyen doğanın bağrında, bağrından yepyeniyi üreten doğada, çocuğu kendini yalnız maddesel olarak değil, imgelerini aynen-yeniden-üreten de değil, ama imgelerinin alternatiflerini üreten bilinçaltında nasıl olup da göremiyoruz, ilk tohumlarını özgürleşme'nin? Daha çocukluğumuzun ilk yıllarında yeşermeye başlayan intellekt'in önümüze serdiği bu özgürleşme şansını tıkayan ne? Bilinçaltında bizi "tıpkılaşmaya" iteleyen imgelerin aksine, bizi onların alternatiflerini, özellikle, tıpkıyı, yani kendini değil de başkalarını sevmeye iten imgeleri üretmekten alıkoyan, dolayısıyla tıpkılaşmaya iteleyen ne; gelişmemizin koşulları mı?

Öyleyse şöyle soralım:

Bilinçaltı dünyamızdan yola çıkan intellekt (anlamcı akıl), kendi ben'imizi oluşturmaya yönelen bilinçaltı duygularımızın ve onlara eşlik eden imgelerimizin ötesine, başka duygu alternatifleri üretmekten yoksun bir şekilde mi gelişiyor: İntellekt, (1) yalnız ben'i oluşturmaya yönelik duygulardan mı yola çıkıyor veya (2) bilinçaltının bir ürünü saydığımız İntellekt'in imgelem (fantazi = imge tasarlama) gücü, daha zengin ve geniş bir imgeler spektrumuna sahip olduğu halde, sadece ben'i oluşturmaya mı yetiyor?

Melanie Klein ve okulunun vardığı psikolojik sonuçlardan biliyoruz ki, imgeler yelpazesi dediğimiz spektrumun zenginleşmesi çocukluğun ilk yıllarından, çocukların yetişkinliğe doğru nesnelerle daha yaygın ilişkiler kurduğu ölçüde başlıyor.

Buna karşılık, içinde kendini tedirgin ettiğinin farkına vardığı suçluluk duygularından, suçluluğa yol açan yıkıcı dürtülerin ardındaki imgelerden, bu bilinçaltı yaralardan kurtulmak (yani kendini, Tauler'in öngördüğü tarzda, arındırmak) isteyen yetişkin bir insan orta yaşlılığında ne yapıyor? Bu yaraları önceleri, yani şimdiye kadarki normal yaşamında, bilinçaltına itip bastırırken, sonra —arınma sürecinde— bilinçaltına inmeye çalıştığında, orada bu yaraları (yıkıcı dürtülerin ardındaki bilinçaltı imgeleri) teşhis ederek, kendi dediğim Bütün'ü de (yani kendi Ben'inden —bilinçli dünyasından— öteye, bilinçaltı dünyasını da) bu yıkıcı dürtülerden arındırıyor, ama o sırada içinde yine de bazı, üstelik yapıcı dürtülerin imgeleri kalıyor. İşte "içimizdeki kavga" dediğimiz dinamik dengenin, "arınma süreci" sonunda yıkıcı dürtülerin açığa çıkması sonucu bozulmasından arta kalanlar bunlardır. "Ama önce bağrımızda bizi tedirgin eden kuvvetleri tanımak, hatta tanırken içimizde onlara karşı çıkan içgüdülerin, özellikle sevme dürtüsünün de var olduğunu bilip belki bununla teselli bulmak gerek. İnsan iç dünyasıyla işte böyle bir duyguların kapışma ortamı... Tek başına ne iyinin ne de kötünün barındığı bir alem, tam anlamıyla diyalektik bir dünya." (Önsöz, İçimizdeki Kavga, S.8. Belge Yayınları 1992).

Yıkıcı dürtülerin ardındaki bilinçaltı imgelerden arındırılmakla iç dünyamızdaki diyalektik denge bozulmuştur, artık yalnız yapıcı dürtüler ardındaki bilinçaltı imgeler egemendir.

İçimizdeki kavga son bulmuş, barışa dönüşmüştür.

Yaşam mücadelesinde nesneler dünyasını değiştirmeye, hatta mümkün olduğu ölçüde yapıcı ve devrimci imgelere dayalı biçimde değiştirmeye katkısı olan bir insan düşünürsek, bu insanda, bilinçaltından yola çıkan intellekt'in, bilinçaltının —imgeleri alternatiflendiren— bir ürünü olarak [M. Klein'ın fantazi (yani imge-tasarlama) dünyasıyla ilgili olarak vardığı sonuçlar çerçevesinde] bu kez daha zengin ve yıkıcılıktan arınmış bir imgeler yelpazesi yaratmış olması beklenebilir.

Bu genişlemiş yelpaze içinde, o insanın, artık yıkıcılıktan arınmış dürtüleriyle ve duygularıyla tercih edeceği, kavuştuğu barış çerçevesinde sevebileceği bir imgeden başkası yoktur. Çünkü bu imge, bilinçaltında Tauler'in ve Jung'un öngördüğü o "yıkıcılıktan arınmak"tan da ötede, kısaca ancak ve sadece İntellekt tarafından birer alternatif halinde yaratılmış olan imgelerin daha geniş yelpazesindeki imgeler arasında yer alır.

Özetlersek; Ben, tek başına ne yapıcı ne de yıkıcı dürtülerden veya bunların ardındaki imgelerden oluşuyor. Ve bir yanda

(1) Ben'de yapıcı ve yıkıcı dürtülerin imgeleri (aktüel diyalektik dengeyi oluşturmak üzere) yer alırken, öte yanda

(2) (Ben'in yıkıcılıktan arındırılması ölçüsünde ulaşabildiğimiz ve onun anti-simetriği sayılabilen) bilinçaltında,

(a) (bilinçten arınmakla yıkıcı ve yapıcı dürtüler arasında bozulan aktüel dengeyi, bu kez bilinçaltının katkısıyla potansiyel düzlemde yerinde kurmak üzere) Ben'deki yıkıcı imgelere bilinçaltından diyalektik karşıt (yani yapıcı) olarak, ama ancak (bilinçaltından üreyen) intellekt tarafından alternatif biçimde yaratılan

(b) ve aynı zamanda Ben'deki yıkıcı imgelerin simetriği (eş-etkili tıpkısı) değil, ters-etkili tıpkısı, yani anti (yapıcı) simetriği rolünü üstlenen imge kökleri yer alıyor.

Böyle bir kök imge, insan denen nesneyi, artık Ben'le (yani içimizdeki kavga'yla) yüklenmiş olarak değil, insanı içimizdeki kavgadan veya kavgaya yol açan yıkıcılıktan, Kendi'mizdeki (bilinçaltı+bilinçli dünyamızdaki) Ben (bilinçli dünya) faktöründen arınarak yıkıcılıktan yoksun (yani Ben'siz bir duruma gelmiş) bir yaratık olarak sevmeye (ancak bu arınmış durumunda teslim almaya) yönelik bir imgedir.

Bir başka deyişle bu imge kökü (1) önce, insan, içimizdeki (bilinçteki) kavgayı, yani aktüel dinamik dengeyi yaratan yıkıcı dürtülerin ardındaki imgelerden, kısacası ben'den —Tauler ve Jung'un öngördükleri tarzda— arınmış olduktan sonra, bu kez (2) bu arınmış insanın, kendi intellekt'in yarattığı alternatif bir imge olarak, Ben'deki yıkıcı imgelerine anti-simetrik düşen, ama sevgi dolu yapıcı niteliğiyle insanın, sevginin öznesi olarak bilinçaltından, duyumsadığı bir imgedir.

Evet, işte insan, burada mantıkçı-aklın insanı tıpkılaştırıcı, özgürleşmekten alıkoyucu yapısından kurtulduğu sırada, anlamcı-aklın (intellekt'in) insanın imgelerini zenginleştirici yeteneğiyle karşılaşıyor. Ve sonunda şöyle diyebiliyoruz: Söz konusu imge, ben'den, dolayısıyla içimizdeki —bilinçli— kavgadan arındıktan sonra, anlamcı aklın, [ben'in —bilinçli dünyamızın— yıkıcı imgelerine karşı potansiyel bir diyalektik denge oluşturmak üzere] yalnız bilinçaltında yapıcı (ve anti-simetrik) bir alternatif olarak yarattığı bir imgeler kümesidir ki bu fantazimizin ufuklarından bilinçaltını sevginin ışıklarına boğan, ama bilinçli dünyamıza oradaki imgelerin tıpkısı, ama ters-etkili tıpkısı (anti-simetrik) gibi gelen, dolayısıyla insanın bilincini "altüst eden" alternatif bir kök-imge, yani tanrıdır: Yoksa yine ben'in bilinçli karakterine simetrik bir alternatifi olan bir tanrı Ben'de yoktur.

Söz konusu kök-imge, yani bilinçaltı "ters-tepki yaratarak bilinci altüst eden" o kırık-imge (hayal), insanı, hep aynı imgeyi tasarlamaya iteleyerek tıpkılaştırıcı, bir başka deyişle makinalaştırıcı veya aynen-yeniden-üretimci dürtülerden [bizi rasyonel kılan dürtülerden] kurtaran alternatif bir imge'dir ve onu harekete geçiren de —o daima yepyeni olan alternatifine (sevgiye) kavuşturan— ÖZGÜRLEŞME dürtüsünün ta kendisidir ki bunun ilk tohumları, daha çocukluğun emzik döneminde "bağımsızlaşma eğilimi" olarak yeşermekteydi. İnsan ne bahtsız bir yaratıktır ki, daha emzik çağında yeşeren bağımsızlaşma ve özgürleşme-tohumlarını ilerdeki bilinçli yaşamında kendi yarattığı sosyal çevrenin kurallarına kendisi çiğnetiyor, ama sonra bağrında filiz veren bu dürtüye, yaşlılığında arınmaya çalışırken, tam da "tanrı"ya kavuşacağı dönemde yeniden raslıyor.

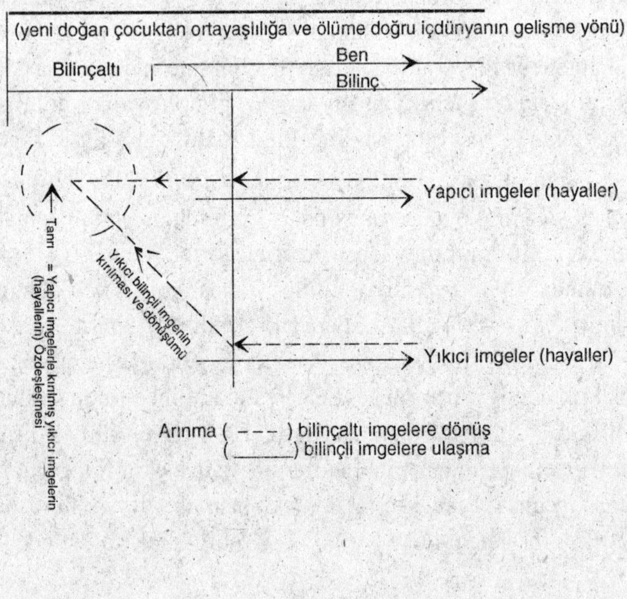

Evet, arınma sonunda yeniden, ama bilinçaltında raslanan bu sevgi ve özgürleşme imgesinin bilinçteki (bilinçlenme denen kirlenme sonunda) karşılığı ancak ve sadece "özgürleşme imgesinin bilince ulaştığında ters-tepki yaratan tıpkısı", yani hayal kırıklığıdır ve orta yaşlarda bilinci altüst eden de budur. Bilinci altüst edici, hayal (imge) kırıklığı yaratıcı bu kök-imge bilinçaltında çocukla birlikte gelişen sevgi'nin simgesidir.

GİRİŞ

Rahip Anselm Grün

Kırk yaşını aşıp ömrün ortalarına ayak basmak, çok kişi için, o güne kadarki yaşamlarını oldukça altüst eden sorunları da birlikte getiriyor, yaşamlarının dönüm noktasını vurguluyor. Meslek değişikliği, yaşanan çevreden ayrılmak, boşanmak, sinirsel çöküntü, çeşitli psikosomatik şikayetler hep ortayaşlılığın üstesinden gelemediği bunalımların belirtileri. Rahiplerimizle teolojik etkinliklerde bulunduğumuz günlerden bazılarını ortayaşın getirdiği sorunlara ve bu sorunları aşma olanaklarına ayırmayı kararlaştırdık. Yapılan ortak söyleşiler ve kişisel deneyim alışverişleri sonunda temelde şu iki raporun yer aldığı ortaya çıktı:

1) Ortayaş bunalımını ruhani bir gelişme şansı olarak yorumlayan Alman mistiği Johannes Tauler'ın (1300-1361) düşüncelerini aktaran P.Fidelis'in raporu ki, bu raporun özü, ortayaş bunalımının biz rahiplerce en başta dinsel düzeyde aşılabilir olduğu ve olması gerektiği biçimindeydi. Ama bu arada antropolojik ve psikolojik koşullar da göz ardı edilmemeliydi.

2) O nedenle Tauler'ın aydınlatıcı dinsel açıklamalarını tamamlamak için benim de ortayaş sorunlarına, C. G. Jung'in psikolog gözüyle baktığı biçimde yaklaşmam gereği doğdu. Tauler'in ve Jung'un düşüncelerinin kilise mensubu meslektaşlarımız ve rahip kardeşlerimiz arasında uyandırdığı geniş ilgi bu düşünceleri daha yaygın bir kitleye aktarma isteğimizi haklı kılıyor.

Ortayaş bunalımında sorun, yalnızca değişen fiziksel ve ruhsal verilere karşı yeniden tavır almak, bedensel ve akıl-ruhsal gücün zayıflamasıyla başa çıkmak ve çoğu kez yaşamın orta yerinde başgösteren yeni arzu ve özlemleri düzene sokmak değildir. Sorun, bütün bunların anlamının ne olduğuna yönelik çok daha derin bir var oluş bunalımıdır: Neden bu kadar çok çalışıyorum? Kendime hiç zaman ayırmaksızın niçin bu kadar koşuşturuyorum? Neden, niye, ne için? Kimin için? Bu gibi sorular ortayaşta giderek daha sıklıkla karşımıza çıkar ve o zamana kadarki yaşam anlayışımızı temelinden sarsar. Yaşamaktaki anlamın ne olduğu sorusu aslında dinle ilgili bir sorudur. Ortayaş bunalımının özünde bir anlam bunalımı vardır, o yüzden dinsel bir bunalımdır. Ancak bu bunalım bağrında, insanın kendi yaşamına yeni bir anlam kazandırma şansını da taşıyor.

Ortayaş bunalımı, insan yaşamının öğelerini birbirinden ayırıp yeni bir düzene sokmak amacıyla darmadağınık etmektedir. İnanç açısından bakarsak, bu bunalımın başında Tanrı'nın kendisi yer alıyor. Tanrı, yüreğin kendini açması, uğradığı bütün hayal kırıklıklarından kendini kurtarması için yüreğe hareketlilik sağlar. Oysa literatürde ortayaşla ilgili bunalımdan, Tanrı'nın insana acıyarak onu kayırması, onu uğradığı bu bunalımdan sakınması anlamında pek söz edilmiyor, bunalım bu yönüyle ele alınmıyor. Oysa bu önemli bir yaklaşımdır. Tanrı'ya inanan biri için, ortayaş bunalımı, kendisini dışardan etkileyen, üstesinden gelmek için inancını güç kaynağı olarak kullanması gereken bir şey değildir. Bunalım sırasında insanda daha çok Tanrı'nın eylemi söz konusudur ve aynı zamanda bunalım, insanın Tanrı'yla yeniden ve daha yoğun biçimde karşılaştığı, Tanrı'yla yaşadığı yerdir.

Bunalım, bizi inanmaya götüren yolun kritik bir bölümüdür ve burası öyle bir noktadır ki, kendi yaşamımızı zenginleştirmek ve gerçek olarak sadece kendimizi görmek üzere Tanrı'yı mı kullanıyoruz, yoksa kendimizi inançla Tanrı'ya teslim edip (*.y.ö.) yaşamımızı onun ellerine mi bırakıyoruz, burada belli olur. Burada söz konusu edilen, sadece rahipler için çözüm yolları değil, daha genel olarak her insanın eninde sonunda ancak din ve inanç çerçevesinde ortayaş bunalımıyla baş edebileceği, salt ruh-bilimsel yöntem ve desteklerin yeterli olmadığı görüşüdür. Aslında, bir psikolog olarak C. G. Jung, psikolojik olmayan yolları gösteriyor; hatta oruç, perhiz, meditasyon ve katı tapınma kuralları öneriyor ve dinlerin birçok insana, kişisel ortayaş bunalımıyla baş etmede artık yardımcı olamadığını üzülerek vurguluyor. Bu kitapçık dileyelim ki bunalımdan kurtulma yolu olarak, yaşamın bizlerde açtığı, özellikle ortayaş bunalımının acıyla deştiği yaraları iyileştirici ilaç olarak bizi dinsel yolları keşfetmeye teşvik etsin... Burada psikolojinin bize armağan ettiği bütün o bilgileri olumsuzlamak gibi geriye doğru bir eğilim söz konusu olamaz, tam tersine, edindiğimiz bütün psikolojik bilgilere paralel olarak İsa'nın bizi aydınlattığı yolda yürürken ileriye doğru hamle yapmak söz konusudur. Sorun insanın yalnızca kendi gerçekliğini tanımak, kendini ulaştırarak kendine bir yücelik bahşetmesi değil, her şeyde Tanrı'yı yüceltmektir. Tanrı'yı yüceltmenin, ululaştırmanın bir şekli de öldüğü anda (İsa'nın yaşamı bizim ölümlü bedenimizde gözle görülebilsin diye) dirilişin yepyeni yaşamıyla örtünüp kuşanan insan, sağlıklı ve olgun insandır.

(*.y.ö.) Bu "inanarak teslim oluş" İslam'a adını veren temel ilkedir.

I. Mistik ve Psikoanaliz İlişkisi Üstüne

Yılmaz Öner

Johannes Tauler (1300-1361) Almanya'nın ortaçağda yaşamış en önemli ve akıl-ruh bakımından en zengin mistikçisi olan Eckart Usta'nın (1260-1328) öğrencisi, aynı zamanda Türk-İslam kültürünün büyük düşünür ve eylemcisi Simavna Kadısı Şeyh Bedrettin'in (1328-1420) çağdaşıydı.

Bir yanda Albertus Magnus (1193-1280) ve Aquino'lu Thomas (1225-1274) skolastiğinin etkisi altında kalan, ama öte yandan özellikle musevi filozof M. Maimonides (1135-1204) ve İbni Rüşt (1126-1198) ile Türk-İslam kökenli İbni Sina (980-1037) tarafından aynı paralelde geliştirilen Yeni-Platonculuk çizgisinde düşünen Eckart Usta ve öğrencisi Tauler şu sürece önayak oldular: **Halkta yeni bir dindarlık biçimi,** yani "yaratılan her şey tanrıya döner" anlamında "insanın arındıktan sonra veya insandaki inanan ruhun tanrıyla karşılaşması"nı sağlayan süreç.

Yeni-Platoncu Augustinus (354-430), Eriugena (810-877) ve Chartres Okulu (10.yy.)'ndan da destek alan bu düşünceleri, Tauler, mistik bir dindarlık deneyimine dönüştürdü. Günümüzün psikiyatri diliyle söylersek, "yetişkin çağın bilincinden arındıktan sonra, bu kez insandaki doğal gelişmenin ters yönünde, bilinçaltındaki imgelere dönüş" diyebileceğimiz bu deneyim, tanrının varlığı ile yaratıkların varlığı arasındaki o "metafiziksel" öz farklılığını inkar etmekle "rafızî" gibi görünse bile, tanrının, insanın "içdünya"sındaki, özellikle bilinçaltındaki bir imge ve bizce tamamıyle belirgin bir imge, sevginin imgesi olarak yer aldığını göstermeye yöneliktir.

Eckart Usta ile Tauler'ın önayak oldukları ve mistik (kısacası, tanrıya kavuşmaya yönelik içe-gömülme) yönü ağır basan bu yeni Dindarlık Biçimi'nin, bugün psikiyatrist M. Klein ve J. Riviere'den çevirdiğimiz ve "felsefi kavramlaştırmaların köklerine yaklaşma" doğrultusunda yorumladığımız psikoanalitik yöntemler sayesinde açıklığa kavuşturulabileceğine inanıyorum. Çünkü bu yöntemlerin amacı, İçimizdeki Kavga'nın ardındaki kuvvetlerin (bilinçaltında) yola çıktığı imgeleri akıl-ruhun bağrında yakalamaktır. A. Grün iç-dünyamızdaki böyle bir arayışın gerekçesini, Tauler'in mistik yaklaşımına ve Jung'un psikoanalitik bulgulardan çok, kurgusal şemalardan örülmüş yöntemine dayandırıyor, ki pek haklı olarak, bu gerekçeleriyle din adamının düştüğü bunalımdan yola çıkıyor.

Biz ise, söz konusu imgelerin, ratio'nun (mantıkçı akıl) cenderesinden kurtulup, intellekt'in (anlamcı akıl) yarattığı değişik alternatif imge-olanaklarının yelpazesini elverdiğince zenginleştirip genişleterek özgürlüğe doğru nasıl açıldıklarını yaşatmak eğilimindeyiz Tanrı derken biz, bilinçaltındaki imgelerin —zenginleşerek sevginin ufuklarına doğru— akıl ruhun dürtüleriyle özgürce hareketlenmesini, imgelerin özgürleşme hareketindeki o coşkuyu anlıyoruz.

A.Grün'ün Yorumuyla Tauler:

II. JOHANNES TAULER Açısından "Ortayaşlılıkla Başa Çıkmak"

Tauler, dinsel söyleşilerinde sık sık kırklı yıllardan söz açar. Kırk yaş, insan yaşamında bir dönemeci temsil etmektedir. İnsanın tüm ruhani çabaları ancak kırk yaşından sonra meyvesini veriyor ve insan ancak o zaman gerçek bir ruhsal barışa ulaşabiliyor. "Diriliş" ile "Göğe Çıkış" arasındaki 40 günü, ayrıca Küçük Paskalya'ya kadarki 10 günü Tauler, insanın ruhani gelişimi açısından simgesel bir dönem olarak kabul ederek şöyle diyor:

İnsan nasıl başlarsa başlasın, ne yaparsa yapsın kırk yaşına gelmeden önce ne gerçek barışa kavuşabilir ne de doğasından ötürü cennetlik olabilir. Kırk yaşına kadar öyle çeşitli şeyle uğraşır ki, doğa onu oradan oraya sürükler. Ama, doğa veya Tanrı diyelim, bazı şeyer insanda neye hükmediyorsa o olur ve insan vakti gelmeden önce ne gerçek bir barışa ne de cennete kavuşabilir. Bu nedenle, o her şeyin bilgisini bahşeden, o teselli dağıtan Kutsal Ruh'tan nasibini almak için insan daha on yıl beklemek zorundadır.

İnsanın yaşadığı yıllar, yürüyeceği ruhani yol açısından hiç de önem taşımıyor değildir. Tauler'a göre bu yolun hedefi kendi ruhunun derinliklerine inmektir. Ruhun derinlikleri veya dibi derken, bilginler bu kavramlar üzerinde çok tartışmışlardır. Biz burada bu bilgince tartışmalara girmek istemiyoruz; ama biz "derinlik" derken bunu, insanın bağrındaki en kuytu köşelerin görüntüsü, bütün ruhsal güçlerin toplandığı, insanın kendine sahip olduğu ve bizzat Tanrı'nın oturduğu köşenin görüntüsü olarak kabul ediyoruz. İnsan imsak ve perhiz çabalarıyla ruhunun derinliklerine ulaşamaz, ancak Tanrı'nın kendi eylemiyle ulaşabilir. Ve Tanrı; davranışlarını, yaşadığımız hayatla gösterir, yaşamımızın getirdiği deneyimlerle gösterir. Yaşadığımız hayal kırıklıklarıyla Tanrı içimizi boşaltır ve uğradığımız başarısızlıklarla içimizdeki boşluğu açığa vurur. Tanrı bize layık gördüğü, çekmemizi beklediği acıları çektirerek davranır, bize hizmet eder, içimizi boş hissetme deneyimi ortayaşlarda yoğunluk kazanır. Ve burada Tanrı'nın bizi kendi yüreğimizin boşluk (*.y.ö) ve kuraklığının içinden geçirip —ki bu geçiş, kendi Tanrı tasarımımız ve duygularımızla karşılaştığımız sırada değil, Tanrı'nın gerçeğiyle karşılaştığımız sırada oluyor— ruhumuzun derinliklerine götürmesi için tüm ruhani çabaları ondan edinme-

---

(*.y.ö.1) Çocuğun ilk 1-2 yıllık dönemde Boşluk ve Çaresizlik hissetmesi ve Tanrı ile ilk yüzleşme, ama çaresizliğin insanda ilk kez Tanrı tarafından değil, Ana tarafından giderilmesi konusunda (bak. İçimizdeki Kavga, 1992, Belge Yayınları s.16-17): "Çocuk bütün isteklerinin yerine getirilmesini bekler, bir bakıma memeye olan sevgisinden arzular memeyi, elbette memeyi emerken duyduğu haz nedeniyle ve açlığını gidermek için arzular. Peki, bebeğin bu beklenti ve arzuları yerine getirilmeyince ne olur? O zaman bebek bağımlılığın farkına kısmen de olsa varır, ağlamaya ve bağırmaya başlar, saldırganlaşır, öfkeyle ve saldırganca arzularıyla bir bakıma durup dururken patlar... Boşluk ve çaresizlik (yalnız bırakılmışlık) duygusuna kapılır... Hıçkırıklarla kıvranıyorsa, bebeğin dünyasında artık çektiği acıdan başka bir şey yoktur. O ruhsal olarak artık örselenmiş, hatta örselenip incitilmekten de öte kahredilmiştir. Bu, emzik çocuğu iken hemen hepimizin yaşadığı ve ruhsal sonuçlarına çok sonraları pek acı bir şekilde katlandığımız bir durumdur. Bu, ölüme benzeyen bir şeyden edindiğimiz ilk deneyim, var olmayan bir şeyden, insanı dili tutulmuş bir duruma sokan bir kayıptan edindiğimiz ilk bilgidir."

miz söz konusudur.

Tauler'e göre, ortayaşta içimizin Tanrı'nın lütfuyla sonradan yeniden giydirilmek üzere önce Tanrı tarafından çırılçıplak bırakılıp boşaltılması (boşluk duygusu(2)-y.ö.) söz konusudur. Bunalım öyle kritik bir dönüm noktasıdır ki insanın kendi içine kapalı kalıp kalmayacağı ya da Tanrı'nın yardımı sayesinde kabuğundan dışarı sökün edip etmeyeceği burada belli olur. Biz bunalımı ve bunalımla nasıl başa çıkılması gerektiğini, Tauler'ın söyleşilerinde belirttiği gibi, 6 aşamada açıklamaya çalışacağız.

1) BUNALIM

Tauler, yıllar boyu dinsel bir yaşam süren insanların 40 ile 50 yaşlar arasında ruhani bir bunalıma düştüklerine tanık oldu. O zamana kadar pratiklerinde uyguladıkları her şey, düşünme tarzı, bireysel ve birlikte edilen dualar, koro halinde okunan dualar, dinsel çerçevede dalınan hayaller, bunların hepsi onlara birdenbire yavan ve kupkuru görünmeye başladı. Bundan hoşlanmadılar ve kendilerini bomboş ve doyumsuz hissettiler.

"Kutsal bütün düşünceler, sevimli bulduğu tüm resim ve tasvirler, sevinç ve coşku, tanrının armağan ettiği her şey ona artık kaba, yavan geliyordu. O kendini bunlardan dışlanmış hissediyor, hiçbir şey ona tat vermiyor, tat almak istemiyordu. Onu hoşnut edecek hiçbir şey yoktu, kısacası iki ucun ortasındaydı ve büyük bir acının ve sıkıntının içinde".

Bu durum, insanın uygulamasını sürdürdüğü dinsel alışkanlıkla-

---

(2) "Duygulardan Bilince veKavramlara Doğru" ve özellikle "Kaygının Doğuşu" konusunda (bak. İçimizdeki Kavga, s.68) :"işte içinde yaşamayı, yukarıdaki (1) ve (2) anlamında, daha bilinçaltından tercih ettiği, bir dış ya da iç dünyayı bulamama, bir başka deyişle, kendisi için yaşanmaya değer olan, korkularına karşı bilinçaltından güvenceler sağlayan bir iç dünya'yı bulamama duygusundan doğan kaygı ve korkular genç insanı duygusal dünyasında veya bilinçaltında muhakkak ki bir yerlere itmektedir."

rının hiçbir işe yaramadığı veya bunların ne faydası olduğunu bilememesidir. Alıştığı şeyler elinden alınıyor, ama yerine hâlâ yenileri gelmiyor. Tanrıya yaklaşacak yol bulamadığı için, alışageldiği pratikle birlikte inancını da fırlatıp atma tehlikesi doğuyor. Şimdiye dek tutunduğu tüm ruhani çabalarının hiçbir işe yaramadığını görüyor. Görünüşteki biçimlere bel bağlamanın boşuna olduğunu hissediyor, hayal kırıklığına uğrayıp yüzünü tanrıya ters çevirmek geliyor içinden. (1.y.ö.)

Ne var ki böylesi bir bunalım, Tauler'e göre, tanrının acımaklılığının eseridir, çünkü insanı bunalıma, sıkıntıya sokan tanrının kendisidir ve bununla bir amaç gütmektedir: O, insanı hakikatle yüzyüze getirmek istemekte, onu ruhunun derinlerine (bilinçaltı'na-y.ö.) götürmektedir.

Tauler burada öyle bir mecaz kullanıyor ki, tanrı güya insanın evini başından aşağı geçirip altüst etmekte ve bunu, insanın Drahmı'ye, yani ruhunun derinlerine ulaşması için yapmaktadır:

"İnsan bu eve girer ve tanrıyı orada ararsa, evin düzenini değiştirir; o zaman tanrı insanı aramaya çıkar ve bu dağınık evin altını üstüne getirir, tıpkı aradığı şeyi buluncaya kadar onu oraya, bunu buraya fırlatan biri gibi"

Evde o zamana kadarki düzenin altını üstüne getirmek insanın kendi köklerini arayıp bulmasını sağlıyor ki bu da, kendi ruhani olgunlaşması için insanın bütün yaptıklarından daha yararlı oluyor.

"Böylesine altüst etmek, gece gündüz demeden böyle yetmiş

(1.y.ö.) Oysa İslamda namazın insanın organları ile toprak arasında, ezanın insanla insan arasında yine insan sesiyle "doğrudan temas" üzerine kurulu olması, yani tanrı (insanın kendi bilinçaltına yönelerek, bilincini Kendi denen bütün'e tamamlama çabası) önünde insanın bir parçası olduğu doğa ile bütünleşmesi (bu psikosomatik birliktelik) bu mistik duyguların soyutlayıcılığına rağmen, insana hiç değilse doğanın gerçeklerinden kopmamayı bu gerçeklere yüz çevirmemesini sağlıyor.

yedi kez darmadağın etmek mümkün olsa, doğa, yani insan buna katlanabilse, düşünüp taşındığı veya hayal ettiği bütün işlerde ve tasarımlarında ileriye doğru akla gelmeyecek ölçüde atılım kazanır"

Ne var ki insan, tanrının onu içine soktuğu bunalıma karşı çoğu kez yanlış tepki gösteriyor; tanrının onda bir şeyleri harcadığının artık işi kendi eline aldığının farkına varmıyor. İşte Tauler bunalım karşısında yanlış tepki göstermenin çeşitli yollarını açıklıyor.

2) KAÇIŞ

İnsan ortayaş bunalımından üç ayrı biçimde kaçabilir.

(a) Birincisi, insan kendi içine bakmayı reddetmekle kaçmak ister bunalımdan, yüreğindeki huzursuzluğun karşısına dikilmez. Ne yapar? Bu huzursuzluğu dışarıya doğru yönlendirir: Onu büyük bir sabırsızlıkla başka insan veya nesnelerin, toplumsal yapı ve kurumların üstüne atarız (2.y.ö.). Tanrı insanı huzursuzluğa, tedirginliğe iter, evini altüst eder:

"Ve olduğu yerde kendisini bekleyen insana acıyarak, ama şefkatle yaklaşıp dokunursa, o zaman insan, ruhunun derinlerine inmekten vazgeçer, manastırı altüst edip Allah bilir nerelere kaçmak istemez!"

Bu durumda, insan, reformu kendinde yapamadığı için manastırda yapmak istemektedir reformu. Kendindeki huzursuzluğu dışarıya yüklemekte, kendi ruhunun derinliklerine iniş kapılarını yüzeysel re-

---

(2.y.ö.) "İçimizdeki Kavga" (1992) adıyla çevirip yorumladığımız kitabında J. Riviere bu konuda şöyle diyor (S. 19-26): Acı duygusunu, saldırıya uğrama ya da çaresizlik duygusunu giderici, bu duygulara karşı güven(ce) sağlayıcı önlemler arasında en köklü ve en başta gelen yöntem Projeksiyon yöntemidir. Bu yöntem, acı veren ve nahoş bütün ruhsal duyum ve duyguları kendiliğinden dışarı aktarmakta, başka kişilerin ruhsal dünyasının malı gibi göstermektedir. İnsan, bu duyum ve duygular, sanki kendi içine değil de, dışarıda bir yere aitmiş gibi davranır, kısacası bunların kendi içinden kaynaklandığını yadsır: Başkalarına yakıştırıp onlara yükler bu duyguları. Bu duygulara bağladığı suçluluk, haksızlık ve günahı başkasanın üstüne atar...

formlarla tıkamaktadır. O dışarısındaki değişiklik ve iyileştirmelere kendini öylesine vermiştir ki kendi yüreğinin dışardaki bu reformlarla aynı tempoda yürümediğini, aradaki uyumsuzluğu fark edememektedir. Dış dünyaya karşı verdiği mücadele onu kendi ruhsal dünyasıyla mücadele etmekten alıkoymaktadır.

(b) Bunalımdan kaçmanın ikinci yolu, kendi dinsel pratiğinin yüzeyselliğine sığınmaktır. Bu yüzeysellikte takılıp kalan dindar kişi kendini başkalarının, çevresinin yerine koyamaz, tam tersine yalnız ve yalnız kendinde diretir, oyalanır durur; böylece kendi içindeki tutarsızlık veya kavgalardan kaçmakta, dışındaki faaliyetlere sığınmaktadır. Kendi içini dinleyecek, kendi içinde henüz ayak basmadığı yolları deneyecek yerde herkesin basıp geçtiği geniş caddeleri tercih etmektedir.

(c) Ortayaş bunalımından kaçışın üçüncü yolu, içeride yaşanan huzursuzluğu durmadan dışarıya yeni yaşam biçimlerine dönüştürmeye kalkışmaktır. İçinizdeki bunalıma çözüm bulmak için dışınızdaki biçimlerden medet umarsınız. Meditasyon biçimlerinden birini bırakıp ötekini denemek ister, oradan oraya koşuşturursunuz. İlk coşkunuz geçti mi, bir başkasına yönelirsiniz. Oysa bunun da ötekinden pek farkı yoktur. Ve biçimlerin hiçbirinde sebat göstermediğinizden onların köklerine de inemiyor, kendi tedirginliğinizin karşısına dikilemiyorsunuz, karşı çıkmaya katlanamıyorsunuz. Sizi bu kararsızlık ve sıkıntıyı aşıp kendi içinize yöneltecek olan tanrının sesine kulak vermiyorsunuz. Evet, kendinizi için için değiştirecek yerde, dışınızdaki yüzeysel değişikliklere gönül veriyorsunuz.

"Bu sıkıntılar kimilerini tekkelere ya da manastır hücrelerine itti. Oralardan dışarı çıkanlar da o denli az şeylere kavuştular ki... Birçokları yeniden mantıkçı akıllarının yarattığı imgelere saplanıyor ve bu görüntülerle avunuyorlar; çünkü yaşadıkları sıkıntıyı bir daha çekmek istemiyor, ama sonunda yere yıkılıp kalıyorlar."

Bunalımdan kaçmanın anlaşılabilir yanları var. Çünkü ortayaş bunalımının olumlu işlevi konusunda pek az kişinin bilgisi var. Çoğu insanlar kendilerini huzurlu hissedemiyor ve kendine göre tepki gösteriyor, çok kez de düşüncesizce... O bakımdan ruhani yaşamın aşamalı karakterini bilmek önem taşıyor. Her aşamanın bir işlevi var. Ortayaş dönemi, insanın bir yandan kendini gerçekleştirirken öte yandan da tanrıya giden yolda yer alma ihtiyacını duyduğu kritik (ve çelişkili-y.ö.) bir aşamadır. O nedenle bu, birçoklarının algılamak (dolayısıyla çelişkiye düşmek-y.ö.) istemedikleri ve yaklaştıkça, insanların kendi savunma mekanizmalarıyla "bunalımdan kaçış" şeklinde tepki gösterdikleri sancılı bir aşamadır. Bu yaşlardaki pek çok insan için karakteristik olan o durup dinlenmezcesine gösterdikleri faaliyet, çoğu kez kendi içlerindeki bunalımdan bilinçsizce veya bilinçaltından bir kaçıştır. Ama ne var ki çokları kendi bunalımlarıyla başbaşa bırakıldıklarından, tepki göstermek için kaçıştan başka yol bulamıyorlar. O bakımdan geçirdikleri bunalımda, insanlara yardım edecek ve sıkıntılar ve kararsızlıklarla (dolayısıyla çelişkilerle-y.ö.) dolu bu dönemin içinde, onlara insancıl ve ruhani (bilinçaltına yönelik-y.ö.) olgunlaşma doğrultusunda eşlik edebilecek deneyimli ruhani (insanın kendi bilinçaltını dinlemesine yardımcı olacak-y.ö.) kişiliklere ihtiyacımız var.

3) GERİDE KALMAK

Ortayaş bunalımına tepki göstermenin bir başka yolu da gelişme doğrultusunda atılacak sonraki ilk adımın gerisinde kalmak, duraklamaktır; o zamana kadarki yaşayış tarzına sıkıca tutunup kalmaktır. Psikolojik düzlemde bu, kendi içindeki korkuları gizlemek için, birtakım ilkelerin ardına saklanmak şeklinde kendini gösteriyor. Bu geride kalış, dinsel alanda, o zamana kadarki dindarca pratiğin kalıpları içinden çıkamayıp katılaşarak biçimselleşmek şeklinde belli oluyor. Dinsel görevlere tıpatıp sadık kalınıyor, (beş vakit namaz kılınıyor-y.ö.) her gün dua ediliyor veya düzgün olarak her pazar kilisedeki törene katılınıyor. Dinsel görevlere en ufak ayrıntısına kadar uymaya özen gösteriliyor. Bütün bunlara rağmen insanın iç dünyasında hiçbir gelişme olmuyor. İnsan yine sevgiden uzak ve katı yüreklidir, başkalarına küfür etmekten geri kalmıyor, onların ahlaki veya dinsel gevşekliğini kınıyor, gerçek bir hıristiyan (veya müslüman-y.ö.) gibi nasıl yaşanması gerektiğini başkalarına kanıtlamak zorunda kalan sofu biri sayıyor kendini. Ne kadar çaba gösterseniz de bu tür insanlarda ne İsa ne Muhammed'deki sevgi ve iyilik ışığının bir nebzesine olsun rastlayamazsınız. Her şey kılı kırka yararcasına ukalalık ve dar kafalılık kokmaktadır, her yanda küçük ruhluluk, somurtkanlık, yargılarda insafsızlık, kendini haklı gösterme eğilimi egemendir.

Yaşanan bunalım kendi dinsel ilkelerine ve dinsel pratiğine sıkı sıkıya tutunmakla aşılmak istenmekte, bunalımın yarattığı korku böylece gizlenmeye çalışılmaktadır. Bu, kendim ve tanrı konusunda kendi yarattığım imgeyi, elimden bizzat tanrının kendisinin alacağı ve insanın kendi başına meydana getirdiği yaşam binasını herhangi bir şekilde sarsabileceği korkusundan geliyor eninde sonunda. Tauler, dışımızdaki ilke ve biçimlere korkudan öyle sıkı sıkıya tutunup bağlı kalmaya hep karşı çıkıyor, dindar insanda sıkça raslanan yürek çarpıntılarını açığa vurmak istiyor vaazlarıyla. İnsanın korku ve kaygıları yüzünden, inatla öyle sıkı sıkıya tutunmak istediği ilkeleri, Tauler, put veya ideal diye adlandırıyor; çoğu insanın gerçek tanrıyla karşılaşmaktan kaçınmak için kendi putlarına sarıldıklarını vurguluyor. (3. y.ö.)

"Bazıları kendi yaşam biçimlerinden, kendi dindarlıklarından öylesine kıvanç duyarlar ki, ne tanrıya teslim ederler kendilerini ne de

---

(3.y.ö.) İnsanın, dinsel inançlarına rağmen, ortayaşlarda içine düştüğü bunalımın ardındaki korku ve kaygılar "İçimizdeki Kavga'nın (Belge Yayınları, 1992) Kaygının Doğuşu bölümünde sözünü ettiğim psikolojik süreçlerden kaynaklanıyor. Çünkü ortayaş bunalımını doğuran duygular, inanma, dolayısıyla Teslim Olma (İslam) eğiliminin dürtüsüyle, ama özellikle telafi içgüdüsüyle doğuyor ve üst-ben tarafından kavramlaştırılıyor. Öyle ya, inanma eğilimi, insanın kendini bilinçaltına teslim ettiği yerde bu kez telafi dürtüsünün belirdiği bir şekilde değil mi? Ve bu içgüdü, insanın kendi bilinçaltına dönüşü, kendini bilinçaltına teslim etme (İslam) eğilimi değildir de nedir? (bak. "Bilinçaltından Aklın Ruhuna Ulaşmak", M. Klein-Y. Öner, Anahtar Yayınları, 1992 ve "Çocukken Başlar İsyan", M .Klein-Y. Öner, 1993).

insanların ellerine; tanrıya teslim olmamak için gözbebeklerini korur gibi sakınırlar kendilerini."

Bunlar tanrının kendilerine doğrudan (bilinçaltından-y.ö.) hitap edebileceği, sorular yöneltebileceği her şeye karşı direnirler. Alıştıkları pratiğe iki elle sarılıp yaptıkları bu uygulamaları hep tanrı ile kendileri arasında tutarlar. Kendi güvenlikleri, kendi dinsel kanaatleri, onların açısından, tanrıyla doğrudan doğruya karşı karşıya gelmekten daha önemlidir. Bu insan tanrıyı, kendi iç dünyasından uzakta tutar, çünkü tanrı, kendisi (hem psikolojik hem sosyal koşulları-y.ö.) için tehlikeli olabilir; öyle ya onun dinsel uygulamalarındaki (bilinçaltı-y.ö.) motiflerin ne olduğunu, onun (bilinçaltının-y.ö.) aslında ne durumda bulunduğunu kendisine gösterebilir. Hatta öyle olabilir ki, tanrı, onun dinsel davranışlarının (dış dünyadaki riskler karşısında-y.ö.) düpedüz bir kendini —hem psikolojik hem de sosyal açıdan— sağlama ya da güvenceye alma çabası olduğunu meydana çıkarabilir, onun bulanık niyet ve isteklerini, onun korkularını bastırma girişimini gözler önüne serebilir. Böylece o, gerçekten (bilinçaltından suçluluk duygusunun bilvesile vicdanının sesine uygun olarak-y.ö.) dindar olacağı yerde, (kendi bilinçaltının tarihinden kopuk ve üst-ben'i tarafından saptırılmış veya bilinçaltına atılıp orada iç dünyasında sindiremediği, dolayısıyla arıtıp damıtamadığı duygular tarafından biçimselleştirilip dondurulmuş-y.ö.) dindarca davranışlarının gerisine sığınır. Kendi davranışlarında yalnız kendini (ama üst-ben'in yarattığı kavramlaştırılmış duygularla dolu bir dünyada-y.ö.) aradığını, kendi güvencesini, kendi haklılığını, kendi ruhani zenginliğini aradığını, eninde sonunda dindar olamadığını (dolayısıyla bilinçaltında kendisiyle yalnız başına kalamadığını-y.ö.) tanrının fark etmemesi için dindarmış gibi yapmaktadır.

Tek başına dinsel pratiğin onu dindarlaştıramayacağını fark etmeden bu pratikle biçimcileşip kabuk bağlıyor, kendine vehmettiği içtenliğin bağrında kendi kuruntularıyla kaskatı kesilip tanrının onu hakikate çağırmak isteyen sesini duyamıyor. Yobazlara, riyakârlara özgü bir tutumdur bu. Gerçek tanrıya inanmaya, tanrının insanın kendisini (bilinçaltındaki telafi içgüdüsüne açık tutmaya-y.ö.) durmadan dönüştürmesine cüret edemeyen, ama kendilerini iyi bir hıristiyan veya müslüman sanan çoklarında bu tutumla karşılaşırız.

Bu insanlardan söz ederken Tauler, tanrının bahşettiği kaynakların (insanın kendi bilinçaltının-y.ö.) tadını alacak yerde bu insanların kör yeraltı sarnıçlarıyla yetindiklerini söylüyor ve şöyle yakınıyor:

"Aslında o kadar çok ruhani kişi var ve bunlar yaşamın suyunu öylesine boş yere akıtmışlar ki, suyun dibinde ne yaşayan bir şey kalmış ne de gerçeğin ışığı; kala kala geriye yalnızca dışgörünüş, yüzeysel şeyler kalmış: Algılanan dış biçimleri ve statüleriyle geride kalacak olanlar yalnızca bunlar. Her şey dışardan, kulaktan dolma, ya da duyular yoluyla mecazlar biçiminde içeriye aktarılmış; yoksa her şeyin fışkırdığı temelden (bilinçaltından-y.ö.) kaynaklanan hiç, ama hiç bir şey yok. Bunları hep kapalı sarnıçlar, ama (bilinçaltının tersine-y.ö.) dibinden hiç bir şeyin kaynamayıp fışkırmadığı kör sarnıçlar, herşeyin dışardan içeriye, bir raslantı sonucu nasıl girdiyse girip aynen öylece çürüdüğü...."

Tauler yobazlarla ilgili sözlerini şöyle noktalıyor:

"Sarnıcın içine aktarılan ne varsa çürüyüp kokuşuyor ve kuruyor, bu arada kurallar, fermanlar ve dogmalar da. Sonunda sarnıcın dibinde kalanlar gösterişli adetler, isteğe bağımlılık, taş kalplilik, acımasızca yargılamalar, görünüşe ve laflara önem vermek..."

Dinsel eylemlerde dindarca gayretkeşlik göstermekle yobaz, kendi ruhunun derinleriyle hiçbir ilişkisi olmadığını gizlemek ister, kısacası tanrının insana yabancı olduğunu kasteder. İnsanın ancak belirli dinsel pratikte bulunduğu sürece tanrıya sahip olacağı kanısındadır; yani tanrıyı kendi dinsel uygulamalarının içine sığdırmaya çalışır. Bu davranışının nedeni onun yaşayan tanrı karşısındaki korkusudur. Kaygılanıp korktuğu içindir ki tanrı, ona kendini haklı gösterme ve güvenceye alma çabasıyla ördüğü binayı yıkacakmış (böylesine tehdit edermiş-y.ö.) gibi gelir, tanrının önüne sanki çırılçıplak çıkacaktır...

Kusursuz bir yaşam sürerek tanrının nüfuz edemeyeceği koruyucu bir duvar inşa etmeye çalışır. O görevlerini yerine getirirken, tanrının elini değdirdiği sevecen bir yürekten esinlenmez; tam tersine sıkı sıkıya, ama korkakça dokunur kendi kendine. Ortaya koyduğu eserlerle kendini temize çıkarmak ister, ama bunu kendini tanrının yargısına teslim etmekten, tanrıya güvenip kendini onun sevgili kulları arasına bırakmaktan korktuğu için yapar. İnsanın kendine sarılarak kendini tanrıya teslim etmesi gereğinden kaçılmaktadır.

Tauler'in ruhani pratiklerden vazgeçmeyi öğütlediği yok, tam tersine dindarlığın görünüşteki dış biçimleri iyidir, çünkü bu biçimler insanın iç dünyasını hedef alıyor, onu dış dünyaya bağımlı kalmaktan kurtarıyor. Tauler özellikle gençleri uyararak sevgiyi eylem haline getirmelerini ve dış dünyada tanrı sevgisi aşılayan şeyleri yapmalarını öğütlüyor: Burada ne var ki kendi yaptıklarımıza gerçeğinden fazla değer yakıştırma ve dinsel pratiğe özgü uygulamaların bizi "kendi içimize dönemeyecek kadar uğraştırması" tehlikesi doğuyor. Kırk yaş dış dünyadaki dinsel uygulamaların değerini ölçmek için bir dönüm noktasıdır, diyor Tauler ve papa Büyük Gregor'un Aziz Benedikt'in yaşamından söz eden açıklamalarından şu alıntıyı yapıyor: "Eski Konfederasyonun rahipleri 50 yaşlarında tapınağın bakıcısı, yaşça daha küçük iseler tapınağın sadece hamalı olurlar ve dinsel pratikle uğraşırlardı". 40 veya 50 yaşına kadar yürütülen dinsel pratik, rahiplerin iç dünyalarını geliştirmeleri ve tanrıya daha yakın olabilmeleri açısından gerekli bir destekti. Ve bu süre içinde, diyor Tauler "Rahip ne içine ne de dışına, içindeki ya da dışındaki barışa, kendinden feragat edebileceğine, kendine hakim olabileceğine pek fazla güvenmemelidir: Çünkü bütün bunlar doğayla iç içedir".

Kırk yaşından sonra kim dinsel pratiklere bağlı kalıp bu uygulamaları ruhunun derinleriyle temas kurmaktan daha önemli sayarsa o kupkuru bir sarnıca döner. Tanrının, kendi ruhunun derinlerine (bilinçaltındaki telafi dürtüsünün doğrultusunda-y.ö.) için için nüfuz ettiğini hissedemeden dışdünyasındaki eylemlerin bağrında çözülür ve de eriyip gider. (4.y.ö.)

4) KENDİNE YÖNELİK BİLİNÇ YA DA KENDİNİ BİLMEK

Ortayaş bunalımı bizi kendi kendimizin farkında, yani bilincinde olma gereğini ortaya koyuyor ki bu da bunalımla başa çıkmamıza yardımcı oluyor. Tanrı, bize sevgiyle yönelecek ve şimdiye kadarki düşünce yapısı ve yaşama tarzımızın altını üstüne getirecek olduğunda kendi kendimizi tanıma, farkında olma, kendimizin bilincine varma şansı da doğar; bu yalnızca dışdünyaya baktığımız yönde değil, kendi özümüzün saklı olduğu o ruhsal derinliği hissettiğimiz yönde olur. Özünün, yani kendinin bilinçliliğine giden yol, Tauler açısından, ruhun derinlerine yönelmek demektir ve kendi iç dünyamıza (bilinçten bilinçaltına doğru-y.ö.) yöneldiğimiz dönemeçten başlar. Özümüze yönelik bilince ulaşmak ilkin sancılıdır; çünkü karanlık, fenalık, korkak-

---

(4.y.ö.) Burada dış dünyadaki eylemlerinin insanda hemen tümüyle suçluluk duygusu yarattığı ve bu duygunun, iç dünyanın bilinçaltı denen bölgesine itilip bastırılsa bile, genelde insanın Kendi'sinin (bilinç+bilinçaltı dünyasından oluşan Bütün'ün) bu duygulardan arınmış olamayacağı bir ilke olarak kabul ediliyor ki bu varsayım, hemen hemen bütün dinlerin ortak bir varsayımıdır; kısacası (1) insanın Kendi, dış dünya denen Sosyal Çevre tarafından "kirlenme"ye uğramaktadır ve (2) o nedenle "damıtılıp arıtılmaya muhtaçtır". Ve bu ihtiyaç elbette ki, insanın bilinçsiz bir canlı yaratıktan öteye bilinçli bir canlı yaratık olmasından kaynaklanıyor.

Ama insanın bilinçli bir canlı olmasından ileri gelen bu kirlenmeden "arıtılma" gereğini kim yerine getirecek? Burada iki olanak söz konusudur:

(a) Din kökenli ideolojiye göre, ya insanı dışardan etkileyen tanrı ya da insanı içerden etkileyen **tanrı** ki, insanın (dış dünyadaki) eylemlerini küçümseyen bazı dinsel ideolojilere göre, bu eylemleri yalnız tanrı belirlediği için, bizce tanrının da aynen, yarattığı insan gibi, birlikte (kirlenmeye) uğraması, dolayısıyla suçluluğu paylaşması gerekiyor.

(b) İnsanı içerden etkileyen tanrı duygusuna, yani psikolojik olgulara göre, dış dünyanın bir yaratığı, ama Kendi denen psikolojik Bütün'ün dışına çıkamayan bir yaratığı olarak **insanın kendisi** ki insan, iç dünyasını (bilinçli bölgeden öteye bilinçaltı bölgesine doğru genişleterek) kendi denen Bütün'e tamamlamak suretiyle, uğradığı "kirlenmişliği" ışığa tutup yerinde, bilinçaltında tesbit ediyor. İnsan Kendi'ni böylece "suçüstü" yakalıyor: **Arınıyor.**

lık ve sahtelik olarak içimizde gizli kalan eğilimleri o zaman hiç acımaksızın insafsızca keşfederiz kendimizde (5.y.ö.).

Tauler kendini tanımaktan kaçırıp sinen insanların durumunu biraz kaba da olsa vurucu bir tarzda ifade etmesini biliyor:

"Çocuklar, insanın kendi ruhunun derinlerine hiçbir zaman inemeyeceğini de nereden çıkarıyorsunuz? Bunun nedeni belli! Bazılarının iç dünyası öküz derisi gibi kalın, öylesine dehşet verici bir deriyle kaplı, öylesine çapraşık ve vurdumduymaz ki, içine ne kendisi girebiliyor ne de tanrı".

Kimi insanların yanına bile varılamayacağını hayatta hep görüyoruz: Yanlışlarını göstermeye kalksanız hep duymazlıktan gelirler. Davranışlarının iğrençliğine iyiniyetle dikkat çekecek olsanız bile boşunadır. Kendilerinin gerçek durumunu hissetmekten yoksundurlar. Tauler, öküz derisi benzetmesiyle, bu gibi insanların kendi gerçekleriyle ilişkisinin zayıflığına, iç dünyalarını çevreleyen o kalın deriyi tanrının bile delip geçemeyeceğine işaret ediyor. Böyle insanların iç-

---

(5.y.ö.) Özbilinçliliğe (kendine yönelik bilince) ulaşma eğiliminin kendi kendine bir çeşit psikoanaliz uygulamak anlamına geldiği açıktır. Bu eğilimin sancılı olduğu daha baştan bellidir, çünkü "insanın ruhsal doğasındaki (diyalektik yapılanmadan doğan) bu kavgada ona kendisinden başka yardım edebilecek hiç-bir güç yoktur". Bu konuyu daha iyi kavramak isteyenler İçimizdeki Kavga adlı kitabı, şu alıntının yer aldığı Önsöz'üyle birlikte okumalılar: "Ama önce bağrımızda bizi tedirgin eden kuvvetleri tanımak, hatta tanırken içimizde onlara karşı çıkan içgüdülerin, özellikle sevme dürtüsünün de varolduğunu bilip belki bununla teselli bulmak gerek. İnsan içdünyasıyla işte böyle bir yaratık: **Birbiriyle zıtlaşan birbirinin karşıtı olmaksızın tek başına var olamayan duyguların** kapışma ortamı... Tek başına ne iyinin ne de kötünün barındığı bir alem, tam anlamıyla diyalektik bir dünya. İnsanın duygusal gelişimini, yaşamdaki güvencesinin ve üretiminin ölçüsünü belirleyen de bu; yani birbirini kışkırtan ve körükleyen, aynı zamanda kahreden duygusal eğilimler arasındaki kavga, uyumsuzluk ve çatışmalar! İnsan işte bu iç çatışmaların ortasında kendi kendisiyle başa çıkmaya mahkum, çünkü onun ruhsal doğasındaki bu kavgada ona kendisinden başka yardım edebilecek hiçbir güç yoktur. İnsanın bağrındaki yıkıcı ve yapıcı duygusal kuvvetleri tanıması bu açıdan zorunludur".

dünyası öylesine kapalı ki, ne kendileri ne de tanrı içeri nüfuz edebiliyor. Bu insanlar olumlu olumsuz yaşadıkları olaylardan da ders almazlar, içleri taş gibi kaskatı kesilmiştir; bütün olayları, hep kendilerini haklı çıkaracak biçimde, kendilerinden yana çekerler. Başkalarının zayıflıklarını kollayan keskin gözleri vardır, ama kendi zayıflıkları karşısında kör kesilir gözler. Psikoloji bu körlüğü "projeksiyon" (6.y.ö.) diye adlandırıyor. Kendi duygusal zayıflıklarının izlerini başkalarına yükler, bu izleri onların üzerine yıkarsam artık kendi zaaflarımın farkına varmaktan kurtulur, kendi durumum karşısında kör olur çıkarım ki bu, başkalarına hakaret etmekte, onları gereksiz yere eleştirip mahkum etmekte gösteriyor kendini.

Kendini değil, başkalarını mahkum etmek, Tauler'e göre "tanrının yanlış dostlarının karakteristiğidir; gerçek dostları ise kendilerinden başka hiç kimseyi mahkum etmezler". Kendimizi tanımak, dolayısıyla kendimize yönelik bilincimiz bizim için çok defa hoş değildir, yüzümüzden bütün maskeleri düşürür, içimizdekileri su yüzüne çıkarır. O bakımdan çoklarının, kendilerini, kendine karşı insafsızca davranarak, tanımak istemekten kaçınmaları anlayışıyla karşılanabilir. Ne var ki ortayaş bunalımında insanın bu durumuna tanrının kendisi müdahale ediyor ve insanı kendi kendini tanımaya itiyor. Tauler'e göre, insan kendi kendini tanımaya başlarsa bu Kutsal Ruh'un insanda etkinliğini göstermeye başladığının belirtisidir. İnsan, Kutsal Ruh'un etkisiyle giderek sıkıntıya kapılır, içdünyasında sarsılır ve insana aykırı ne varsa ortaya döker kutsal ruh.

"Ruhun bu gelip geçişi insanda büyük bir gürültü koparır. Bu gelip geçiş ne kadar apaçık ne kadar belirgin ve gerçekse insanın hareketlenmesi ve altüst oluşu da o derecede hızlı ve güçlü, gerçek olur; insan geride kalmışlığını öylesine açıkça ifade eder."

Bizim derdimiz. İnsanı ortayaşlılıkta uğrayacağı bunalımın sar-

---

(6.y.ö.) Projeksiyon, yani "başkasına yükleme" eğilimi konusunda bakınız: İçimizdeki Kavga, J .Riviere-Y. Öner (1992, Belge Yayınları).

sıntılarından korumak. Ne var ki, Tauler bunalımı Kutsal Ruh'un işi olarak görüyor: Ruhumuzun derinlerine kadar ulaşmak, kendi'mizin gerçekliğine varmak için bizi tanrısal ve kutsal ruhun sarsması gerek. Kendi kendimize olan güven ve salt kendini düşünmek üzerine kurduğumuz kuleyi hiç çekinmeden kendi üzerimize yıkabilir, bu sıkıntılı durumda tanrının iç dünyamızda kalkıştığı işlere teslim edebiliriz kendimizi.

"Çök, dostum, kendi derinlerine, içindeki derinliğin diplerine çök ve bırak, o katedralin, o salt kendine güven ve kendini düşünme katedralinin kuleleri üzerine yıkılsın bırak. Cehennemin bütün şeytanları üzerine üşüşsün, dünyanın ve gökyüzünün bütün yaratıkları gelsin bırak... Hepsi sana olağanüstü hizmetlerde bulunacak. Sen yalnız içine inmeye bak: Her şeyin en iyisi sana bağışlanacak."

Tauler'in sözleri yüreğinin derinlerinden kopup geliyor: Cehennemin şeytanları bile üzerime gelsin, diyor; tanrının insanı o sıkıntılardan kurtaracağına güveniyor.

İnsanın kendini tanıma bilincine ulaşma sürecini kutsal ruh'un kendisi başlatıyor, ama insanın da bu sürece katkıda bulunması gerek. İnsanın kendini tanıması yolunda Tauler çeşitli destekler öneriyor. İnsanın yapıp yapamayacağı şeyleri titizlikle nasıl kollayıp kontrol etmesi gerektiğini, kısacası en gözde düşünceleri ve arzularını, özellikle insanın kendi doğasındaki zayıf noktaları açıklıyor. İnsan kendini kollamaya alışmalı.

"Çocuklar! İnsanın kendi karakterini iyice tanıması için büyük ve titiz bir çaba gerekli. Bunun için insan gece gündüz okuyup düşünmeli ve insanı yaptıklarına iten nedir, bunları göz önüne getirip tasarlamalı, kontrol etmelidir, çünkü o zaman yalan söylemez insan. Ama insanın tanrıdan başka şeylere yöneltti̇ği tüm iyi şeyler yalandır. Yoksa her şey hedefi tanrı olmayan bir puttur."

Tauler'in burada öğütlediği yöntem, göz önüne getirmek, yani imgesel olarak tasarlamaktır ki bugün bunu psikoloji kendinin bilincine varma, kendini tanıma, öz-bilinçlenme yöntemi olarak uyguluyor: İnsan kendi fantazisinden (imge tasarımından-y.ö.), bilinçaltından imgeler çıkarıp yaratıyor ve bunları gözlemliyor. O zaman düşünce ve davranışlarımızın asıl kök ve temellerini yaratıyor ve bunları gözlemliyor. O zaman düşünce ve davranışlarımızın asıl kök ve temellerini keşfetmek mümkün oluyor. Tauler'in bizden beklediği üzere, o zaman bu teknik yardımıyla kendimize hep sormamız gerekiyor: Davranışlarımızın gerçek nedenleri nelerdir, odak noktasında kendimiz mi varız, yoksa tanrı mı? Dış dünyadaki şeylere bağlı kalmakta diretiyor muyuz? Başarılarımızda, üstlendiğimiz rollerde, görev veya mesleğimizde, elimizdeki mülkte, dindarlığın biçimlerinde, iyi bir hristiyan ya da müslüman olarak yarattığımız izlenimde mi direniyor, bunlara mı tutunuyoruz? İşte bunları sorgulamalı ve kendimizi sınamalıyız.

Putlarımızın neler olduğunu tanımalıyız. Onları ancak tanıdıktan sonradır ki kendimizi onlardan sıyırabiliriz. Kendimizi yalnız tanrının iradesine teslim etmek için sımsıkı yapışıp sarıldığımız her şeyden çözmeliyiz kendimizi.

Tanrının, kendimizi ortayaşlarda böyle acılı bir biçimde tanımaya götüren deneyimini C. Carretto (7. y.ö.) da yaşadı. O bunu şöyle anlatıyor:

"İnsan bu deneyimi kırk yaşlarına gelince ediniyor. kırk yıl, incil'de sözü edilen bir zaman dilimi, ikinci gençliğin yaşı, insan için kritik bir yaş... Sis perdesi içinden usulca kayıp geçmeye çalışan insanın sırtını duvara dayaması için tanrının seçtiği bir yaş. Yediği darbelerle o zaman aklı başına geliyor insanın, tiksinti ve hüzün basıyor içini, giderek günahlarının farkına varıyor, insan ne olduğunu o zaman keşfediyor: Zavallı bir nesne, zayıf kırılgan bir yaratık, kibir ve şeytanlığın, mantıktan yoksunluğun karışımı bir şey. İnsanın bu acınacak durumunun hiçbir sınırı yok ve tanrı bırakıyor ki biz bunun sonuna

(7.y.ö.) 16. yüzyıl sonlarında tüm feodal mülkünü, erken-kapitalizm yolunda hızla ilerleyen Cenova senyörlerine bırakmak zorunda kalan; kısacası, kapitalizme yenik düşen feodalizm kalıntısı bir senyör.

kadar tadına bakıp kahrolalım. Ama işi bu kadarla bitmiyor.

Sonunda daha kapsamlı düzeyde hükmünü geçiren şey, derinlerde gizlenmiş bile olsa, içine düştüğün borçluluk, yani günah oluyor. (8.y.ö.)

Biz bu borçluluğun farkına büyük çabalar sonucu varıyoruz, o da uzun zaman sonra. Ne var ki bu bilincimizde yeteri kadar canlı kalıyor ve bize yük oluyor; günah olarak içimizden atacağımız her şey bize giderek daha ağır geliyor. Bütün bir ömrü bir küre gibi çevreleyip içine alan ve herkeste mevcut olan tavırları, tüm yaptıklarımızı ve vazgeçtiklerimizi, öyle kolayca silkip atamadığımız günahları kastediyorum, çoğu kez içimizde duran, ama bizi yine de parmağının ucunda tutan şeyleri: "Tembellik ve yalancılığı, ikiyüzlülüğü ve dualarımızın bile içinden sıyrılamadığı kendini beğenmişliği. Bunlar bütün var oluşumuzun sırtına yük olan şeyler"

(8.y.ö) İnsanda daha erken yaşta bilinçaltında (suçluluk duygusunun diyalektik karşılığı olarak) beliren Telafi Dürtüsü ve bunun yarattığı CEREME veya KEFARET ÖDETME (kapitalistleşme) eğilimi, yine insanın kapıldığı Hırs denen dürtüyle beslenerek ruhsal bir bozukluğa (dengesizliğe) dönüşüyor (bak. Çocukken Başlar İsyan, M. Klein-Y. Öner, 1993). Sözü geçen bu kitapta "Emzik Çocuğu Nasıl Kapitalist Olur" adlı bölümden (s. 159) izin verirseniz şu alıntıyı yapmak istiyorum: "Ayrıca insan yitirme korkusu veya içinde boşluk (veya çaresizlik) duyma korkusu ile başa çıkabilen bir kalkan, yani Özlem oluşturmayabilir. Oluştursa bile bu özlem kolayca dürtü'ye dönüşüyor, Hırs dene dürtüye... İnsan o zaman özlediği nesneyi de yitirilmiş bir nesne olarak ve yitirmenin bilinçaltında doğurduğu o Tehdit Edilme Riski de göze alınması gereken ve kaygılarını giderecek bir doyum olarak görüyor." Peki toplumdaki etkileşmeler ortamında, insan denen tikelin bu kapitalist (dengesiz) eğilimleri şiddetlenmiyor mu? Şu var ki toplum insanın iç dünyasındaki eğilimleri hem şiddetlendirici hem yumuşatıcı, ahlak açısından ise hem de çirkinleştirici etkiler yaratıyor. Ama hepsi o bilinçaltında kalan kayıp (yalnız bırakılmışlık-tehdit edilme-çaresizlik) duygusundan doğan ve Risk-Güvence ikilisi (üretim ilişkisi) denen diyalektik ikili çerçevesinde cereyan ediyor.

Bu alıntı, Tauler'in deneyiminin bir istisna olmadığını ve mistik kişilerle sınırlı tutulamayacağını gösteriyor. Bu deneyim, ruhani bir yaşam sergilemeye çalışan herkesi ilgilendiriyor.

5) TEVEKKÜL

Kendinin bilincine ermek, yani kendinin farkında olmak yanına, ortayaş bunalımını aşmak bakımından Tauler başka bir yardımcı yoldan söz ediyor: Tevekkül. Tauler bununla, Stoacıların düşündükleri üzere, hiçbir şeyle sarsılmayan iç huzuru değil; İncil'de belirtildiği gibi, kendini inkar etmeyi, yani kendini tanrının iradesine teslim etmek için insanın kendi iradesinden feragat etmesini kastediyor. Tevekkül'ün dinamik bir yanı var ki, tanrıya yakınlaşmak anlamına geliyor.

Sorunun iyi olması için insan birçok şeyi bırakmak zorundadır; kötülük ve keyfiliği, zorbalığı bırakmalıdır, ama ilerlemeye köstek olduğu sürece iyiliği de bırakmalıdır. Çünkü iyi, daha iyinin düşmanı olabilir ve insanı tanrı yolunda ilerlemekten alıkoyabilir.

Her yaşa özgü ayrı dinsel ifade biçimleri var. Gençlikte iyi olan bir dinsel pratiği öyle olduğu gibi aynen sürdürmek olmuyor. Örneğin ortayaşlılık bunalımına düşen birine o zamana kadarki dinsel uygulamaları ve pratiği çok yavan ve verimsiz gelebilir; ama bu şimdiye kadar hep yanlış uygulamaların peşinden gittiği için değil; tanrının birine bir şey söyleyecekse, bunu onun ruhani yaşamının o dönemdeki gelişme aşamasına denk düşen yeni biçimlerde araması gerektiği içindir: Belki tanrıya daha yüksek bir aşamada yalvarması gerekmektedir. Tanrıya dua ederken, ben'i yorgun düşüren uzun monologlar halinde konuşacak yerde, tanrı önünde hiç konuşmadan durmasını öğrenmem gerekiyor! Giderek daha koyu din kitaplarını yutacak yerde, dualarımı belki daha basitleştirmem lazım. Yeni ruhani deneyimler ve dinsel duyguları yaşama isteğinden feragat etmem gerekecek. Bunların yerine tanrının önünde çok yalınlaşmam, onun huzurunda pek konuşmadan yaşamam gerekecek.

Ortayaşlarda pek çok insan dinsel bir bunalıma giriyor, çünkü meslek yaşamında kendilerini başarıya götüren o egemenlikçi (9.y.ö.) fetih duygusunu dinsel yaşamda da geçerli kılmak istemekteler. Durmadan dinsel deneyim peşinde koşuyor, öylece ruhani bir zenginliğe ulaşmayı kolluyorlar. Dua ederken yalvarmaktaki kuruluk ve düşülen hayal kırıklığı, tanrının huzurunda bulunma tutkusundan vazgeçmem gerektiğine işaret ediyor; onun huzurunda bulunmaya, sahip çıkma çabalarını bırakıp tanrının önünde arınmış ve yalın olmalıyım. Tanrıdan durmadan huzur, kıvanç, güvence, dinsel keyif gibi şeyler talep edecek yerde, asıl önemli olan şey kendimi tanrıya teslim etmektir.

Acıya katlanmaya açık ve hazır olma eğilimi tevekkülün bağrında yer alıyor. Tevekkül, huzura kavuşmak ve onun tadını çıkarmak değil; tam tersine, kendi huzurunu elden bırakıp tanrının sizi sıkıntıya sokmasına hazır olmaktır. "Gerçek huzur yalnız sıkıntılar içinde arınmasının yarattığı çapraşıklıklardan doğar." o nedenle sıkıntılara ve bununla ilgili acılara göğüs germek gerekiyor:

"Kendin olduğun gibi kal, dışarılara kaçma ve kendine katlan, başka bir şey arama! İçindeki yoksulluğu yaşayan bir sürü insan böyle yapıyor ve sıkıntıdan kurtulmak için hep başka bir şeyler arıyorlar ya da yakınmaya koşuyor veya hocalara sorup daha çok yanlışlığa düşüyorlar. Hiç kuşkuya kapılmadan olduğu gibi kal, karanlığın ardından gün doğar ve her taraf gün ışığına boğulur."

Tauler, insanın içindeki sıkıntı ve sıkışıklıktan birdenbire dışarı çıkamayacağını, beklemesi gerektiğini söylüyor hep. İnsan sıkışık-

---

(9.y.ö.) "Başarıya götüren" rasyonalist (mantıkçı akıla özgü) düşüncede "egemenlik eğiliminin belirleyicilik" özelliği konusunda bak: Son söz, s. 169-174, Eleştiri Yazılar (Theodor W. Adorno), Belge Yayınları, 1990. Burada ayrıca, "egemenlikçi fetih duygusunun" yalnız hıristiyanlığın değil, islamın yayılmasında da rasyonalist bir tavır oluşturduğuna işaret etmekle yetinelim.

lıktan kendi gücüyle sıyrılmaz; beklemekten, tanrının onu sıkıntılarının içinden geçirip yeni bir ruhani olgunluğa kavuşturmasını beklemekten başka yapacağı bir şey yoktur. Ve tanrının, ondan olumlu bir niyeti ve beklentisi olmadan kendisini sıkıntıya sokmayacağına güvenmelidir. Tanrının önderliğine ve elinden onun tutacağına güvenerek dizginleri elden bırakmaya hazırlamalıdır kendini. Ortayaşlılık bunalımında mesele, insana içinden önderlik eden güçlerdeki değişikliktir. Artık bana, ben değil, tanrı önderlik edecektir. Bunalımda işbaşında olan tanrıdır ve onun işini sona erdirebilmesi için yoluna hiçbir engel çıkarmamalıyım.

Tauler, bunalıma Kutsal Ruh'un yol açtığını ve insandaki sıkıntıda etkili olduğunu dinleyicilerine anlatmaktan bıkmıyor. İnsanın görevi artık Kutsal Ruh'un etkinlik göstermesine köstek olmamaktır. (10.y.ö.)

"İnsanın kendini hazır tutması, Kutsal Ruh'a yer ve mekan ayırıp onun bu mekanda işe başlayabilmesini sağlamak demektir. Bunu pek az kimse yapıyor; tanrının bu iş için seçtiği o ruhani kılık içindekiler bile yapamıyor".

Tauler, Kutsal Ruh'un, iç dünyasıyla dönüştürüp yeniden yaratmak istediği insanın yaşadığı sıkıntıyı çok somut biçimde görüntülüyor ve bu anlamda yılanın aklından söz ediyor:

"Yılan, yaşlandığını; derisi buruşup büzülerek kurumaya başladığını fark edince iki taşın bitişik durduğu bir yer arar ve o daracık yere sürtüne sürtüne sırtını bileyerek kıvrılıp giriyor, yaşlanan derisini orada üstünden atıyor, ama altından yeni bir deri oluşmuştur. İnsan da yaşlanan derisiyle, yani küçük büyük doğadan edindiği ne varsa hepsiyle böyle yapmalı. Öyle ya, insan da yaşlanır ve kusurları

(10.y.ö.) "İnsanın bağrındaki yıkıcı ve yapıcı duygusal kuvvetleri tanıması bu açıdan zorunludur" (bak. Önsöz, İçimizdeki Kavga, s.8). Çünkü insanın tanıyacağı bu kuvvetlerdir ki aslında Kutsal Ruh diyebileceğim bilinçaltı dünyasını oluşturuyor.

elbette var. Tıpkı yılan gibi, bitişik iki taşın arasında sürtüne sürtüne bileniyor."

Olgunlaşmak, kendi ruhunun derinlerine inebilmek için, bitişik iki taşın arasından kıvrılmak lâzım, insancıl ve ruhani gelişme sürecinde yaratılan yeni yöntemler peşinde durmadan koşmak mümkün değil. Bu ancak sıkıntılardan kaçmanın bir yolu olabilir. Sonunda bir gün iki taşın aralığına benzer bir dar boğazdan geçme cesaretini göstermek zorundayız. Bu sırada yaşlanan derimizden olsak, yaralanıp berelensek bile buna katlanacağız. Karar vermek insanı daraltır. Ama bu darboğazdan geçmeden olgunlaşmak, yenileşmek yok. Dış dünyanın insanı öğütülmeli ki iç dünyası günden güne yenilensin.

Tauler'in sözlerini ciddiye alır da ortayaş bunalımı sırasında tanrının işin başına geçtiğini görürsek o zaman bunalımın tehdit ediciliğini yitirdiğini, tehlikenin kaybolduğunu (çünkü artık içimizdeki yıkıcı ve yapıcı duygusal kuvvetleri tanıdığımızı görüp anlamaya başladığımız-y.ö.) fark ederiz. Artık korkuya kapılmaya hacet kalmaz. Tam tersine, o zaman korku bizi tanrıya yaklaştıracak olumlu bir şans durumuna dönüşür. Bunalım sırasında artık bizden istenen şey tanrının içimizde harekete geçmesine hazır olmaktır. Tanrının bu eylemi bizim için çok defa sancı vericidir ve o zaman tanrının bana ettiklerine ezilmeksizin katlanmak gerekiyor. Bu tavır, her şeyi kendi eline almaya alışık olan birinden çok şeyler bekliyor ve burada, insanın etkin tavır takınıp yüreğindeki bu süreci hızlandırmaya yeltenerek bunalımı tekrar eline almak isteme tehlikesi beliriyor. İnsan, eline belki bir şans geçirdiğini görüyor ve bundan yararlanmaya kalkıyor: Süreçe kendi kendine müdahale edip alıştığı o köhne biçimleri üzerinden atıyor. Tauler burada tanrının eylemine despotcasına keyfi olarak müdahale etme girişimimiz karşısında uyarıda bulunuyor. Öyle ya, tanrının, çektiğimiz bu sıkıntı içinde eylemde bulunmasına (bunalım yüzünden bunalmamıza-y.ö.) bu sıkıntının yarattığı bilinci kullanarak karşı çıkmalıyız. O güne kadarki pratikten, bu sıkıntılardan kaynaklanan dürtülerimizle, yani kendi başımıza vazgeçmeye mezun değiliz. Bundan ancak (sıkıntıya yol açan dürtülerin yerine, içimizde, onları sevgi yoluyla telafi edecek başka dürtüleri keşfedemediğimiz zamanı yani-y.ö.) tanrı diretirse geçebiliriz.

"İnsanın dışarısında ve içinde iyi girişimlerde bulunmasını ve tanrı sevgisini en çok sağlayan âdet ve gereçleri, bunlar kendiliklerinden bozulmaya yüz tutmadıkça insan elden bırakmamalıdır".

İnsanın kendini tanrının eylemine teslim etmeyi, onun ellerine bırakmayı ilkin yavaş yavaş öğrenmesi gerek. Oysa insan kendi yaşam ve pratiğini hemen planlamak istiyor. Herkes dizginleri elimden kaçırırım korkusuyla edilgenlikten çekiniyor. Herkesin kendi yaşamını ve yaşam biçimini belirlemesi şimdiye kadar iyiydi. Şimdiden sonra da öyle yapması isteniyor. Kendi pratiğini kazanmak ve kendine görevler yüklemek gençlikte iyiydi, ama olgunluk yaşında önemli olan tanrıya katlanabilmektir. Ve bunun için insan, tanrının iradesine adım adım boyun eğecek, bu iradeyi kabullenecck ve kendini onun lütfuna bırakacaktır. İnsanın yüreği de insanın kendini bu lütufa vakfetmesini istiyor.

6) TANRININ DOĞUŞU

Ortayaş bunalımının birlikte getirdiği sıkıntı, kasvet ve kaygılar, Tauler açısından tanrının insanda doğuşunu kanıtlayan doğum sancılarıdır. Tanrı, bunalımın sıkıntıları içinde insanı kendi ruhunun derinliklerine yönelmeye, kendi zayıflık ve aczini tanımaya, kendini tamamiyle tanrının Kutsal Ruhu'na teslim etmeye itiyor. İnsan, kendi yüreğinde tanrının eylemine engel olabilecek her şeyi içinden atacak olursa, o zaman, tanrı, ruhun derinliklerinden doğabilir (11.y.ö.) ki

---

(11.y.ö.) Burada insan, soru ve cevaplar oluşturan bilinciyle sınırlarına dokunduğunu hissettiği bir dünyaya, aslında bilincinde olmadığı duyguların, dürtülerin dünyasına, bilinçaltına (kendi doğa evrimine ters yönde) yaklaşıyor demektir. Ama bu süreçte, insanın kendisini etkileyebilecek dış duyumlardan uzak durması gerekiyor. Bu uzaklaşmayı, yani bilinçten-bilinçaltına yönelmeyi gerçekleştirmek aslında gerçekten oldukça uzak, neredeyse idealist bir girişimdir! İnsanın iç dünyasında daha gerçek olan bir girişim, bilinçaltının, bilinçle izlene-

tanrının insandaki doğuşu da Tauler'a göre ruhani yolun hedefidir.

"Sen bana güven, insanda hiçbir sıkıntı başgöstermiyorsa tanrı o insanda yeniden doğmayı isteyecektir. Şunu bil ki, içindeki sıkıntı ve baskılar kalkıyor ya da dağılıp duruluyorsa, bu senin içine bir şeyler doğuyor demektir. Bu, tanrı veya yaratık, ne olursa olsun bir doğumdur. Ama düşün: Seni sıkıntıdan kurtaran eğer bir yaratık ise, adı ne olursa olsun bu, tanrının doğmasını tamamıyla engeller".

Bunalım tehlikesi bu bağlamda yeniden açığa çıkıyor. Çünkü içimdeki sıkıntıyı atayım derken dış dünyaya yönelme yanılgısına düşülüyor; dinsel biçimlere sarılmak, gayretkeşliğe kapılmak, kendi dışındaki değişikliklere bel bağlamak suretiyle düşülüyor bu yanılgılara. Bütün bunlar kendimizden yarattığımız şeyler ve içimizde tanrının doğmasına engel oluyorlar (12. y.ö.). Oysa içimizden sıkıntıyı yalnızca tanrının almasını sağlamak gerek, tanrıya katlanarak, onun

---

meyen ve dürtüler biçiminde kendini gösteren etkinliğidir. İnsanın kendi bilinçaltıyla yalnız başına kalabilme girişimi, aslında kendi duygusal gelişimine ters ve aykırı yönde, yani düşünceden yola çıkan bir girişimdir; çünkü bilinçaltının psikolojik doğadaki (psikoanaliz yönteminde raslanan) dürtüsel kökenli hareketine ters yöndedir. O nedenle tanrıya, bilinçaltının zenginleşirken patlak verdiği yönde, örneğin daha çocukta raslamak, dış dünyadan arınarak bilinçten bilinçaltına dönerken raslamaktan çok daha gerçekçidir. Kısacası tanrıya, dış dünyaya doğru "çevreden etkilenip kirlenmek üzere" yürüyen çocukta raslamak doğal evrime ve gerçeklere daha yakın düşüyor (bak. Çocuk ve Allah, F. H. Dağlarca, 1940). "Kavram"larımızın belirli duygu ve dürtüler tarafından yaratıldığı Kaynağa (yani Bilinçaltı'na) Dönüş denebilen Tanrıya yönelik Oto-Psikoanaliz, bizi 0-1,5 yaşları arasındaki çocuğun bilinçaltından fışkıran sevgisine götürebilir mi? Bilinçaltına geri dönüşte ulaştığımız o ölüme (ihtiyaçların azalmasına) yönelik sevgi ile bilinçaltından ileriye doğru gelişen çocuktaki o yaşamaya yönelik sevgi aynı mıdır?

(12.y.ö.) "kendi dışımızda bel bağladığımız değişikliklerin kendi yarattığımız şeyler olması" pek doğal değil mi? Üstelik insanın kendi bilinçaltı dünyasına yönelip arınırken kendi dışındaki (veya sosyal çevresindeki) bu değişikliklere yüz çevirmesi, kendini insanlığın evriminden ve mücadele tarihinden soyutlaması insanı solipsizm (tekkendicilik) dediğimiz teorik bencilliğe götürür ki bu da insanın, bir yandan yıkıcı duyguların köklerine inip bunlardan arınırken öte yandan

içimizde eylemde bulunmasına açık olmak ve kendimizi ona kendimiz teslim etmek suretiyle sağlamak gerek. İçimizdeki sıkıntı ve bunalımdan bizi yalnızca tanrı kurtarabilir.

"Dışardan veya içerden ne gelirse gelsin, çıban toplasın bırak, hiç teselli arama, tanrı bir gün elbette kurtarır seni. Onun için kayda şarta bağlanmadan bırak ona kendini".

Tanrının insanın içinden doğmasının koşulu insanın kendi içine yönelmesidir. İnsanın ruhu *"kendi içinde huzur ve barışı kurmalı, kendini kendi içine kapayıp aklındaki düşünce ve tasarımlardan gizlenip saklanmalı, duyumlardan böylece tamamıyle sıyrılmalı, bağrında kendine kuytu sessiz bir köşe hazırlamalıdır."*

Tanrının sözleri insanın bağrındaki bu suskunluk içinde duyulup algılanabilir ve tanrı insanın içine bu ortamda doğar, tıpkı Meryem'in içine nasıl doğduysa öyle. Augustinus bundan şöyle söz ediyor:

"Meryem, tanrının içinde bedensel biçimde doğmasından çok, kendi ruhunda ruhani biçimde doğmuş olmasından mutluydu". (13.y.ö.)

---

da "sosyal çevresine karşı küskünlük" duymasına yol açar. İşte bilinçaltına yönelirken temel ilke artık şu olmalıdır: İleriye doğru gelişen insan yavrusu çocuğun ilk dönemlerinde rasladığımız o müthiş "sevgi" faktörüne, bu kez gerisin geriye bilinçaltına dönerken (oto-psikoanaliz denen arınma yoluyla dönerken) bir "coşku" şeklinde yaslamak ilkesi olmalı, yani "başka"larının (sosyal çevrenin) birlikte yarattığı giderek değişen ve gelişen daha kapsamlı bir çevrede arındığımız için, artık bu gelişmeye katılmış olmaktan duyduğumuz doyum ve huzurlu bir coşku şeklinde yeniden raslayabilmek. Kısacası, birey olarak tıpkılaşacak yerde sosyal alandaki devrimci imgelere yönelerek özgürleşirken raslamak.

(13.y.ö.) Meryem'in hamileliğin psikosomatik yük ve sıkıntılarından kurtulması (1) bir yanda somatik (bedensel) dolayısıyla hamileliğin getirdiği aşırı duyumlardan kurtuluşu iken (2) öte yanda da o çağ kadınında sosyal çevrenin baskılarından kaynaklanan suçluluk duygusunun yarattığı Telafi (alternatifleme) Dürtüsü'ne yol açmaktadır. Meryem gibi genç bir kadının olgunlaşma (ya da ortayaş) bunalımını çok önceden yaşadığını, yani bilinçaltından tasarlama imge-

Alman mistiğine özgü olan Tanrının Doğuşu Kavramı'yla Tauler, insanın tanrıya açık, tanrıya raslayacak yetenekte olduğunu, tanrı tarafından dönüşüme uğratılmaya ve tanrının ruhundan güç alarak yaşamaya yatkın olduğunu kastediyor. Tanrı artık sadece emirlerine uyulup uyulmadığını kollayan bir kontrol makamı, yalnızca kavuşmak istenen bir ideal değildir. O insanın içine girmiş, insan onu eylemlerinde tanımıştır ve bu tanışıklıkla yaşamaktadır. Tanrıdan doğan yaşam, tanrının emirlerini yerine getirmek için insanın gösterdiği iradeden öteye geçmekle kalmıyor, aynı zamanda tanrının rikkate getirdiği ve tanrının yakınlığı sayesinde huzura ve tevekküle eren bir yüreği de olgunluk, iyilik ve sevgiyle dolduruyor. Öyleyse ortayaş bunalımının bir hedefi var. Bu bunalım, insanı sarsa sarsa gerçek insana ulaştıracak ve tanrıya götürecek yolda ileriye doğru en önemli adımı atabilme şansıdır. Eğer düşülen sıkıntı ile tanrının doğuşu arasındaki ilişkiyi Tauler'in belirttiği şekilde tanıyıp bilirsek, o zaman bunalımın ilk belirtilerine karşı daha başka türlü tepki gösterebiliriz. İşin içinden sağlıklı çıkmak için aklımızı şaşırıp tüm psikolojik yöntemleri denemek istemeyiz. Biz, bunalıma izin verip tanrının bu süreçte söylemek istediklerine kulak vermeyi daha çok ruhani bir görev sayıyoruz. Akla gelen birtakım savunma mekanizmalarıyla kendimizi bu bunalımdan sakınacak değiliz. Bunalımdan kaçmaya da ihtiyaç yok, ama tanrıyı kendimizde hiç korkmadan işın başına geçirebiliriz. Tanrının evimizin altını üstüne getirmesine, içimizdeki o sözde düzeni karmakarışık etmesine izin verebiliriz. Geçirdiğimiz bu bunalımdan ötürü inleyip sızlayacak yerde, tanrının bize el koymasından, içimizdeki katılığı kırıp parçalayarak yüreğimizi giderek dönüştürmek isteyişinden dolayı kendisine teşekkür borçlu olmamız gerekiyor.

---

ler ürettiğini varsayarsak, Meryem'in bir canlı doğururken onun alternatifi olarak "ruhsal" bir doğum gerçekleştirdiğini sanması (imgeleştirip tasarlaması) doğaldır.

C.G.Jung (1875-1961) başlarda Freud yandaşı iken, kendi psikolojik düşüncelerini Analitik Psikoloji adı altında bağdaştırarak bilinçaltının "salt-dürtüsel dinamik" biçimindeki Freud yorumunu eleştirdi ve onun libido kavramını genel psikolojik enerji anlamında genişletti, ama bu şekilde soyutlaştırmış da oldu. Ayrıca Jung'a göre, bireysel olarak kazanılmış bilinçaltı faaliyetten farklı olarak bütün insanlarda kollektif bir bilinçaltı faaliyet vardır ve bu faaliyetleri de cinsel yönden Anima ve Animus denen arketipler belirlemektedir.

III. C.G. JUNG Açısından Ortayaş Sorunları

C.G. Jung ortayaş sorununa, mistik rahip Tauler'den farklı olarak bambaşka varsayımlarla yaklaşıyor. O psikolojiden yola çıkarak kendini ampirik bilimin yöntemleriyle sınırlı tutuyor. Felsefi ve teolojik sonuçlara varmayı teologlara bırakıyor. Ne var ki din de psikologlar için, onların kendi hastalarının durmadan karşılaştıkları bir fenomen. Psikologların, insan ruhunu, dinsel sistemler ve imgelerdeki anlam sorusuna cevap vermeye girişmeksizin araştırmaya kalktıklarına pek raslanmıyor.

Jung, dinin yakıştırdığı anlamları, bir doğa-bilimcisi olarak, insan ruhunun sağlığına ne ölçüde katkıda bulunabileceği açısından ele alıyor. Dinsel imgelerin ardında transandant bir gerçeğin bulunup bulunmadığını, o bir bilim adamı olarak söyleyemez; ama bir insan olarak bu gerçeğin yeteri kadar sık farkına varmıştır. Psikolojiden yola çıkan Jung'un, Tauler'in vardığı sonuçlara benzer sonuçlara varmış olması şaşırtıcıdır (1.y.ö.). Bu durum, doğru dürüst anlaşıldığı

(1.y.ö.) Jung'un uyguladığı psikolojik yöntem ne olursa olsun, Tauler'in teolojik ve felsefi yaklaşımının temelinde aslında Jung'u o duygu ve düşüncelere

takdirde dinsel yolun psikolojik açıdan da doğru olduğu anlamına geliyor. Psikoloji bize, dinsel pratik çerçevesindeki yanlış uygulama biçimlerini sağlıklı biçimlerden ayırt etmeye yarayan kıstasları sağlıyor. Şu var ki, psikoloji, tutulan dinsel yolda elek rolü oynamaya elbette kalkışmamalı, ama din kendine hiç değilse şu soruyu sormak zorundadır: Getirdiğim dogmalar ve pratiklerle insanı ne ölçüye kadar sağlıklı kılıyor ya da hasta ediyorum? Öyle ya, din derken, insanı eninde sonunda sağlık ve selamete götüren bir yol anlıyoruz, yoksa bizi sadece öteki dünyadaki bir yaşama, orada kurtuluşa ermeye şartlayan bir yol değil.

Freud'un izinden yürüdüğümüz takdirde psikoloji kendini hemen hemen yalnızca çocukluk döneminde yoğunlaştırmış bulunuyor. (2.y.ö.) Çocuğun ve gencin gelişmesindeki çeşitli dönemler iyice incelendi. Yetişkin bir insanın yaşamında bunalım veya nevrotik belirtiler ortaya çıkarsa, şimdi bulunduğu durumu aydınlatmak ve sağlığa kavuşturmak için onun çocukluk yaşamı araştırılır. Klasik psikolojinin böylelikle insanın gelişme dönemlerine duyduğu ilgi, ergenlik çağındaki genç insanın delikanlılığa ayak bastığı 17-18 yaşlarında sona erer.

Psikolojinin bakış açısı ilkin Jung'la (1875-1961) değişiyor. Freud hayatın ilk yarısının psikologu ise Jung ikinci yarısının psikologu olarak nitelendirilebilir. Onun ilgisi, yetişkin insanın sorunlarını

---

iten bir bilinç ve bilinçaltı yapısı olduğu apaçık bellidir. Jung aslında bütün insanlarda varsaydığı bu yapısal karakteristiği sergilemekle şemalaştırmacı, klasik psikolojinin gereğini yerine getiriyor.

(2.y.ö.) İnsanda, Kendi dediğimiz bütün'ü oluşturan iki temel öğe olan bilinç ve bilinçaltından birinin, yani Bilinçaltı gelişimin yetişkin döneme değil, çocukluk dönemine raslaması ve yetişkin insanı giderek etkilemekte oluşu, Freudist yöntemin kazandırdığı en önemli gerçektir. Öyle ya, ortayaş bunalımından — tanrıya kavuşmaya yönelik— kurtulma çabası, aslında en başta insanın bilinçaltında köklenen yıkıcı eğilimlerini yerinde (bilinçaltında) teşhis ederek bunlardan arınmaya çalışma girişimidir: İnsanın kendini, Kendi denen Bütün'e olgunlaşma süreci boyunca tamamlama mücadelesidir.

ta çocukluğuna kadar gerilere doğru izlemek değil, ona şimdiki yetişkin durumunda yardımcı olmaktır. Psikolojinin bakış açısındaki bu değişiklik salt zamansal bir değişiklikten çok nitelik yönünden bambaşka sorunlarda yatıyor. Freud, insanın düştüğü nevrotik uyumsuzlukları sadece dürtülerle ilgili sorunlar olarak görüyor ki bunlar çocukluk çağından kaynaklanıyor. Buna karşılık Jung'un kendi pratiğinden edindiği deneyim 35 yaş üzerindeki insanlarda pek çok sorunun dinsel nitelikte olduğudur (dolayısıyla da, bilincin sosyal çevrede uğradığı "kirlenme"nin köklerine —bilinçaltı etkenlere— dönüş niteliğidir-y.ö.).

1.Bireyleşme Süreci

Jung'un ortayaş sorunlarıyla ilgili gözlemlerini anlamak istersek onun insanın gelişimiyle ilgili anlayışına, yani Bireyleşme Süreci'ni daha yakından tanımalıyız. Bireyleşme derken Jung "psikolojik bir birey, yani bölünmezliği ayırt edilebilen bir birim, bir bütün yaratan süreci" anlıyor. Bu süreç iki büyük evreden oluşuyor: Hayatın ilk yarısındaki dışa-açılma evresi ve ikinci yarıdaki içe-dönme evresi.

Hayatın birinci yarısında, henüz tamamiyle bilinç-dışında yaşayan çocuğun kendini giderek bilinç-dışından koparması ve bilinçli bir Ben oluşturması söz konusudur. Jung'un Ben diye nitelendirdiği şey, kişinin bilinçli çekirdeği, davranma ve değer-biçme gücünün merkezidir. İnsan yaşamının ilk yarısında Ben'ini giderek güçlendirmeli, dünyadaki en saygın duruma ulaştırmalı ve bu konumunu koruyabilmelidir. Bu uğurda kendine öyle bir çehre edinir ki bu, çevresinin beklentilerine uygun düşer ve bu, duyguları ve yarattığı havayla onu insanların eline ve diline düşmekten koruyan bir maskedir. (*) Ben'in çevreyle ilişkileri persona'ya (kişiliğe) aittir. İnsan yaşamının ilk yarısında bütün titizliğini kendi Ben'ini güçlendirmeye, kendine

(*) bak. J.Jacobı, Der Weg zur Individuation, Zürich, 1965. Ayrıca "Oturmuş bir kişiliğin gerekliliği" (Jung, Toplu Eserler, 7.cilt, s.218)

sağlam bir kişilik oluşturmaya harcadığından başka bir sürü nitelikle-rini savsaklar. Bunun sonucu olarak ortaya çıkan şey Ben'in gölgesidir ve bu gölge "insanın kısmen bastırılmış, kısmen de o denli veya hiç yaşanmamış psikolojik çizgilerinden bir araya gelen Ben'inin simetriğini andırır. O çizgiler ki baştan beri moral, sosyal, eğitimsel veya başkaca nedenlerden ötürü yaşama eyleminden dışlanmış ve bu yüzden de bastırılmış, dolayısıyla dağılarak unutulup gitmişlerdir"

Ben'in kendi simetriğini andıran gölgesi, onun yalnız karanlık negatif yönlerinden değil, pozitif yönlerinden de oluşuyor. Çünkü insanın varlığı kutupsaldır, yani bir kutbun karşısında ona karşıt kutup yer alır. İnsan bu kutuplardan birini bilinç düzeyine çıkarabiliyorsa, öbürü bilinçaltında kalıyor (3.y.ö.). Her ruhsal özelliğin karşısına başka bir özellik çıkıyor. İnsan bir özelliğini ne denli güçlü biçimde oluşturursa onun karşıtı da bilinçaltında aynı ölçüde güçlü olarak oluşuyor. Bu karşıtlık yalnız erdemler açısından değil, bilincin dört temel fonksiyonu açısından da söz konusu. Jung bu temel fonksiyonları Düşünmek, Duygulanmak, Sezinlemek ve Duyumsamak diye adlandırıyor. İnsan bir yanda anlamcı-akıl (Intellekt) fonksiyonlarını oluştururken öte yanda bilinçaltında da çocuklara has dürtüler şeklindeki duygusal eğilimler (ya da Sentimentallık) içinde yüzüyor. Gölgede kalan özellikler ve davranış biçimleri ise çoğu kez öteki insanların ruhuna, sırtına yüklenir gibi yükleniyor, her şeyden önce karşıt-tipteki insanın üstüne... Bu dıştakine-yükleme, yani projeksiyon (4.y.ö.) gölgenin bilinçleşmesini, bilincine varmayı engellemekte olup çoğu kez insanlar arasında gerilimlere yol açmaktadır.

Jung'a göre insan, kendi Ben'ine özgü kişisel gölgesinin yanı sıra kendi içinde bir de kolektif gölge taşımaktadır. İnsanlık tarihin-

---

(3.y.ö.) Jung belli ki psikoanalitik gözlemlerden çok, bu gözlemlerden çıkardığı şemalar çerçevesinde düşünüyor.

(4.y.ö.) bak. Projeksiyon başlıklı bölüm (İçimizdeki Kavga, J. Rıviere-Y. Öner, 1992, Belge Yayınları s.19)

deki genel kötülükler ve karanlıklar bu kolektif gölgenin bağrında yer alıyor. Kolektif gölge, tüm insanlığın deneyimlerinin bireyde yarattığı, mitoslarda, arketiplerde ve dinsel simgelerde ifadesini bulan o deneyimlerin içinde yığıldığı kollektif bilinçaltının bir bölümüdür. Dişi ve erkeğe (veya anaya ve babaya) has karakteristik ve özelliklere ilişkin simgeler, yani anima ve animus hep bu kolektif bilinçaltına dahildir.

Yaşamının ilk yarısında insan kendini doğrulamakla öylesine uğraşmaktadır ki sonunda kendini bilinçli Ben'iyle özdeşleştiriyor ve Anima'yı yani kendi ben'inin gölgesi olan bilinçaltını büyük yıkım ve zararlara uğramadan bastırıyor.

Ne var ki bu durum yaşamın ikinci yarısında değişiyor. Bu dönemde, insan kendi gölgesini ve anima'sını, bilvesile animus'unu kendi iç dünyasıyla bütünleştiriyor, kısacası kendi dışındakilere yaptığı yüklemeleri (projeksiyonları) geri alıyor. İnsan kendini böylece kendi bilinçaltına açıyor, orada bilinçaltında yatan görüş, tutum ve özelliklerinin bilincine varıyor. Ben, kendi kökenine, kendi'ne gerisin geriye dönmek, böylece kendi'sinden yeni bir yaşama gücü kazanmak istiyor. İşte bireyleşmenin hedefi kendi'nin, insanın kendi'sinin açılmasıdır. Jung "kendi" kavramını "insanın ruhsal bütünü" olarak tanımlıyor (5.y.ö.). Ben bilinçli, Gölge bilinçaltı veya bilinçdışı olduğu halde, "kendi" hem bilinçli olanı hem de bilinçdışı olanı içeriyor. İnsan herhalde ben'den yola çıkarak kendi'ne doğru gelişip açılıyor ve bu, bilinçaltına gömülmüş özelliklerden gitgide daha çoğunun bilincine varıp bunları kendi'ne tamamlamak biçiminde oluyor.

(5.y.ö.) "Kendi" olgusunu biz elbette baştan verilmiş bir olgu olarak değil, insanın çocukluktan başlayan gelişme sürecinin ileriye yönelik temel eğilimi (yani Kendileşme) içindeki herhangi bir enlemesine kesit olarak anlıyoruz. Karşılaştır: Çocukken Başlar İsyan, M .Klein-Y. Öner, 1993, s.155-157.

2.Ortayaş Sorunları

35 ile 45 yaş arası yıllara raslayan ortayaş, Ben'in açılıp genişlemesinin (insanın) kendi'nin olgunlaşma veya tamamlanmaya dönüşmek zorunda olduğu bir dönüm noktasıdır. Bu dönüşümün ana sorunu, insanın, yaşamının ikinci yarısındaki sorunları da birinci yarısındaki araçlar ve ilkelerle çözülebileceğini sanmasında yatıyor. İnsan yaşamı, güneşin, dünyanın kendi etrafındaki dönüşü sırasındaki seyri ile kıyaslanabilir. Güneş sabahleyin doğuyor, dünyayı aydınlatıyor, öğleyin gökyüzündeki en yüksek noktasına ulaşıyor ve artık batma eğilimine giriyor. Öğleden sonrası öğle öncesi kadar önemli, ama sonra ile önce arasında yasalar —öğle saatini insanın ortayaşı'yla eş tutarsak-y.ö.— farklı. Jung diyor ki (*) "Gençliğin öğleden önce dış dünyasında bulduğu ve bulması gereken şeyleri, öğleden sonra insan kendi iç dünyasında bulmalıdır".

İnsanın ortayaş döneminde karşılaştığı sorunlar, ondan yaşamının ikinci yarısında istenen ve onun şimdi tavır koyması gereken görevlerle bağlantılıdır: (a) kendi kişiliğini görecelleştirmek, (b) Ben'in gölgesini kabullenmek, (c) anima ve animus'u bütünleştirmek (d) ölmeyi ve tanrıyla karşılaşmayı kabul etmekle kendi'ni gelişmeye açmak.

(a) Kişiliğin Görecelleşmesi

Gençlikte, genç bir yetişkin olarak yaşamda yerini almak uğrunda mücadele etmek çok enerjiye mal olur. Bu mücadele, insanın dünyaya tutunmasını sağlayan belli bir kişiliği gerekli kılmaktadır. Kişiliğin sağlamlaştırılması ne var ki bilinçdışındakilerin bastırılmasından da öteye varır. Ama bilinçdışındakiler ortayaşlarda (gerisin geriye) sökün edecek olurlarsa insanı altüst ederler; insanın bilinçli tutumu dağılır, yönünü ve insan da dengesini yitirir. Dengeyi yitir-

(*) Jung, Toplu Eserler, 7.cilt, s.81

mek Jung açısından amaca uygun düşüyor, çünkü bilinçdışındakilerin kendilerine yakışan bir yere gelmelerini sağlamak suretiyle insanı yeni bir dengeye kavuşturuyor (**)

Bilinçli tavrın dağılıp çökmesi elbetteki bir felakete götürebilir insanı. İnsanın kendisini bu yıkımdan korumaya yönelik ve sıkça raslanan reaksiyon, kendi kişiliğine olağanüstü bir çabayla asılmasıdır, kendini sosyal göreviyle, uğraştığı işle ve unvanıyla mekanik biçimde özdeşleştirmesidir. Jung böyle bir özdeşleştirmenin "baştan çıkarıcı bir yanı olmalı ki" diyor "birçok insan, aslında toplumun kendilerine verdiği paye ve mevkiden öteye hiçbir şey değil. Paye denen bu kabuğun ardında başka bir şeyler aramak boşuna; çünkü bu süs ve şatafatın ardında yalnız acınacak bir insan müsveddesi var. Üstlenilen görev, kişisel yetersizliğe verilen ucuz bir ödünü temsil ettiği içindir ki böylesine baştan çıkarıcı oluyor".

Dış dünyanın beklentilerine kulak verecek ve kendi kişiliğinin arkasına sığınacak yerde ortayaş insanı daha çok içinden gelen sesi dinlemeli ve bağrındaki kişiliği geliştirme yönüne gitmelidir. (6.y.ö.)

(**) Jung, Toplu Eserler, 7.cilt, s.178

(6.y.ö.) Burada kişiliğin görecelleştirilmesinden kasıt, dış dünyaya yönelik kişilik ile iç dünyaya (insanın kendi bağrına veya yüreğine) yönelik kişilik arasında fark gözetmektir. Ama böyle bir ayırımda sosyal çevreye (dış dünyaya) uyum sağlamak gibi edilgen bir tavır yanında, aynı zamanda sosyal çevreyi olduğu gibi kabullenip "değiştirmeye kalkışmamak" gibi kaderci ve hatta umursamama gibi solipsist (tek-kendinin varlığına dayalı) bir tavır var. Jung'un öğütlemeye kalktığı bu tavır, 1. bölümde Tauler'in öğütlediği "kendi içine —daha doğrusu bilinçaltına— yalnızlaşarak (sosyal çevreden koparak) dönüş" tavrına paraleldir ki bu, bilinçaltında çevreden kaynaklanan hiçbir sorumluluk veya suçluluk duygusuna, sosyal vicdan kalıntısına raslayamamaktan geliyor! Bilinçaltı, (nesne dediğimiz) sosyal çevreden kaynaklanan duygulardan böylesine yoksun bir duygular mahzeni midir ki, bilinçaltına yöneldiğinde insan, kendisiyle orada gayet sorumsuz ve vicdansızca başbaşa kalabilsin, kendi'ni orada sadece kendi ben'inin sorumluluklarıyla yalnız başına bulabilsin? İnsanın nesnelerle (sosyal çevresiyle) ilişkisi daha çocukken başlıyor (bak. Çocukken Başlar İsyan, 1993, M. Klein-Y. Öner). İnsanın orta yaşlardan sonra bilincinden bilin-

(b) Ben'in Gölgesini Kabullenmek (Karşıtlık durumu)

Jung tüm insan yaşamını karşıtlıklar yaşamı olarak görüyor. Bilinçlinin karşısında bilinçdışındaki yer alıyor, ışığın karşısında gölge, animus'un karşısında anima var. Bu karşıtlık insanın özünde yer alıyor. (7.y.ö.)

İnsan bu karşıtları birbirinden ayıramayıp, tam tersine ikisini birden içine aldığı sürece ancak bir bütün oluyor, kendi'ne ancak o zaman gelişip açılıyor. Yaşamın birinci yarısı Ben'i sağlamlaştırmakla tek-yanlı olarak bilinçli dünyayı vurgulamış oluyor ve anlamcı-akıl (intellekt) ardından gittiği ideali yaratıyordu kendine. Öte yanda, bilinçli dünyadaki bu ideallere denk düşen tutumlar hep karşıt tutumlardır. İnsan bu karşıt tutumları ne kadar (8.y.ö.) dışlamaya kalksa da bunlar insanın düşlerinde aynı ölçüde ortaya çıkarlar (9.y.ö.)

İnsanın bilinçli olarak yaşadığı davranış biçimlerine de aynı

çaltına doğru, kendi'siyle bütünleşerek, götüreceği iç dünyası, nasıl olur da sosyal çevreyi değiştirme sorumluluğundan ve suçluluğundan doğan duyguları, yarını yaratacak duyguları da birlikte taşımaz ve bu duyguları telafi edici bir huzura ve coşkuya kavuşmayı aramaz?! Bilinçaltına dönüş, değiştirici ve değişime katkıcı insanın kendi'ni, uğrunda aktif mücadele verdiği sosyal huzurla, insan sevgisiyle ödüllendirmesi değildir de nedir? Ne diyor Dostoyevski? "Kim, ölmüş değil, yaşayan tanrıyla yüzleşmek isterse, onu kendi düşünce dünyasının bomboş kubbelerinde değil, insanları sevmekte arasın."

(7.y.ö.) Anima (lat. ruh, nefes, rüzgar): Erkek bireyde karşı cinse yönelik bastırılmış tasarı imgelerin arketiplere özgü kişileştirimi ki Jung'a göre düşlerde veya tasarı-imgelerde ortaya çıkar ya da somut kişilere (ana, sevgili) aktarılmış (projekte edilmiş) olarak belirir. Animus: Kadın bireyde, animaya karşılık olan kişileştirme.

(8.y.ö.) "dışlamak"tan Jung "bastırma"yı kastediyor.

(9.y.ö.) "bastırılan imgelerin, düşlerde aynı ölçüde yeniden-üretilmesi, yani aynen geri dönüşü" düşüncesi, Jung'un "bilinçli imgelerin bilinçdışına veya altına bastırılması ile bilinçaltına itilmiş bu imgelerin düşlerde yeniden ortaya çıkışı" şeklindeki gidip gelmeleri rasyonel, hatta mekanik bir sürece benzettiğini gösteriyor, hatta öyle ki bu imgeler doğdukları ilk yer olan bilinçte nasıl üretildiyse bilinçaltında da —birer saplantı gibi— aynı o biçimde, yani hiç bozulmaya

şekilde bilinçdışı dünyasında bunlara karşıt olan tavırlar (ama karşıt-olmayan, yani alternatif tavırlar da, yukarıda belirttiğimiz gibi-y.ö.) denk düşüyor. İşte ortayaş insandan karşıt kutuplara yönelmesini, henüz yaşanmamış olan gölgeyi kabullenmesini ve bunları analiz etmesini istiyor. (10.y.ö.)

Burada ortayaşlılıkta görülen tipik iki yanlış reaksiyona (yani davranış biçimine) raslıyoruz: Birincisi, bilinçli tutumun karşıtını fark edememektir, yani eski (yeniden üretegeldiği-y.ö.) değerlere

---

(arızaya) uğramadan, kısacası tıpkı biçimde, yeniden üretiliyorlar. İnsanın iç dünyası (= bilinç + bilinçaltı) bu yüzden, Jung'a göre, sanki hiç arıza yapmayan —olasılıkçı bir deyimle, tam güvenilir— bir makine gibi rasyonel çalışıyor. Jung'un temsil ettiği pozitivist-rasyonalist (arızalardan arıtıp damıtarak olguları soyutlayan) düşünme geleneği (yani olayları stohastik karakteristiklerden arıtarak idealleştirme geleneği), insanın iç dünyasındaki süreçlerde bile, ne yazık ki böylesine soyutlayıcı —mekanik— bir şemayı izliyor. Oysa biz, bilinçaltına bastırılmış imgelerin bile bilinçaltında ratio'dan kurtularak kendi alternatiflerine dönüştüklerini, kendilerini telafi edecek olanaklara büründüklerini kabul ediyoruz (bak. Önsöz, S.10-13 ve Arkanotlar S.107-112. Bilinçaltından Aklın Ruhuna ulaşmak, M. Klein vb.-Y. Öner, Anahtar Yayın. 1992) Ama ne var ki, insanı iç dünyasıyla Tıpkılaşma'ya, rasyonelleşmeye iteleyen de biraz önce sözünü ettiğimiz o idealist ve rasyonel şemalar değil midir? Bir başka deyişle, bilinçliliğin önce bilinçaltına bastırılıp sonra bilinçaltında kopya edilmiş idealist tarzından gerisin geriye düşlerinde bile kurtulamayan insanı, evet, insanın kendini her şeye rağmen "alternatif imgelerden yola çıkarak" patlak veren dürtülere kaptırmasına düşlerinde bile izin vermeyen bir monotonluğa —tıpkılığa— şartlayan bu idealist ve rasyonel, aynen-yeniden-üretici, tıpkılaştırıcı şemalar değil midir?

Biz tanrı derken, iki karşıt kutup [yani bilinçli imge ile bilinçaltı (veya bilinçdışı) imge] arasındaki gidiş-dönüşlerde (yani bu imgelerin her yeniden üretilişinde) birbirinin tıpkısının üretilmediği bir süreç, imgelerin önünün özgürleşme denen biçimde açık olduğu bir süreç anlıyoruz. Çünkü tanrı bizi, Kendimizdeki o solipsist biçimde (tek-kendi'nden) duygulanan ve tıpkılaşarak içine tıkanıp kaldığımız içdünyaya değil, yarınların önünü sevgiyle açan yeni ve aydınlık özgürleşme süreçlerine götürür (bak. Müzik ve Yarın, s.180-181. Bilimlerde ve Sanatta Diyalektik, Belge Yayınları, 1990).

(10.y.ö.) Bu öğüt çok yerinde, çünkü insan, iç dünyasındaki karşıtlıkları tanımaktan öteye bunları mekanik bir biçimde aynen-yeniden üretmek zorunda bı-

sımsıkı sarılıp prensip düşkünü (laudator temperis actı) olup çıkmaktır. Kısacası bu, insanın kendi dar kafalılığı (rasyonelleşme veya tıpkılaşma-y.ö.) içine sığınıp taşlaşmasıdır. Aklın ruhunu dönüştürecek yerde kurallara, şemalara bağlı kalmaktır ki bu, karşıtlık sorunu önünde insanı donup bırakan [insanın bilinçlilik tarzını olduğu yere mıhlayan-y.ö.] korkudan ileri geliyor.

"İnsanın davranışlarında izleyeceği ve mutlak olması gereken bir tek hakikat, bir tek kılavuz' olmalı, "mutlak olması yoksa her yandan kokusu gelen, insanın farkında olmadığı o yıkıma karşı hiçbir hakikat güvence sağlamıyor" (*)

Karşıtlık sorununa gösterilen başka bir yanlış reaksiyon da o zamana kadarki bütün değerleri reddetmektir. O döneme kadarki kanaatlerde düşülen yanılgıları, hakikatın hakikate ters düşmesini ve yaşanan sevgilerdeki gizli nefret payını keşfeder etmez, insan o zamana kadarki tüm ideallerini bir yana bırakıp yaşamını o güne kadarki Ben'ine ters yönde sürdürmeye çalışıyor. "Meslek değiştirme, boşanma, dinsel dönüşüm, irtidat. Bunların hepsi karşıtına yönelmenin simptomlarıdır" (**) Bu davranışlardan kasıt, şimdiye değin bastırılmış olan eğilimleri sonunda yaşayabilmektir. Ne var ki bastırılmış olanları kendi'yle bütünleştirecek yerde, insan şimdiye kadar yaşamadığı davranışlara kapılıyor, şimdiye kadar yaşananları bastırıyor. Böylece bastırma olayı olduğu gibi kalıyor, ama yalnız konusu değişiyor. Ne var ki bastırımla birlikte denge de bozuluyor. Yaşamımızda hiçbir değerin ve hiçbir hakikatın, karşıtı sayesinde öyle düpedüz olumsuz kalınamayacağı, tam tersine ancak birbirine göreceli duruma

---

rakıldığını, yani rasyonelleşme ve tıpkılaşmaya itildiğini de o zaman fark edecek ve tanrının gerçek anlamı olan özgürleşme dürtüsünü (kendi'ni tıpkılaşmadan, farklı biçimde yeniden üretebilme dürtüsünü) o zaman arayacaktır (bak. Bilimlerde ve Sanatta Diyalektik, s.175 ve Bilinçaltından Aklın Ruhuna Ulaşmak,Anahtar Yayın., s.57).

(*) Jung, Toplu Eserler, Ya A) 8. ya da B) 8'nci Cilt, s.453

(**) a.g.e. s.81

getirilebileceğini kimse fark etmiyor. "İnsana özgü olan her şey görecelidir, çünkü her şey içdünyamızdaki karşıt durumlara dayanır" (***). Daha önceki değerleri, bunların karşıtları yararına inkar etme eğilimi tıpkı o önceki tek-yanlı tutum gibi abartmalıdır, çünkü o idealler karşısında, ideallerin kuşkulu saydığı bilinçaltı fantazileri (tasarı-imgeleri-y.ö.) göz önüne almıyoruz. Yaşamın ikinci yarısında söz konusu olan şey "karşıtına dönüştürmek değil, önceki değerleri, aynı zamanda onların karşıtlarının değerini bilerek korumaktır".

(c) Anima ve Animus'un Bütünleşmesi

Yaşamın ortayaş denen dönüm evresinde karşıtlık sorunu, kadın ve erkeğin karşı cinsin karakteristiklerini birdenbire kabullenmesinde yatıyor. Özellikle güneyli kavimlerde, yaşlı kadınlarda sesin daha pesleşerek kalınlaştığı ve erkek cinsine has daha birtakım başka özellikler yanında, yaşlanan kadınlarda bıyıkların gelişip sert yüz çizgileri edindikleri görülüyor. Erkeklerde ise tersine olarak, dış görünüş yağ birikimi dolayısıyla yumuşuyor, yüz ifadesindeki sertlik kayboluyor.

Buna benzer bir değişiklik ortayaşlardaki kadın ve erkeğin ruhsal değişiminde göze çarpıyor: "Örneğin adamın biri 45-50 yaşlarına kadar ev geçindirdikten sonra karısının sırtına pantolon geçirip belki de kocasının çıraklık yapacağı bir bakkal dükkanı açması sıradan bir olaydır. Sosyal bilinci ancak kırk yaşından sonra uyanıp da sosyal sorumluluk yüklenen pek çok kadın var. Amerika gibi modern bir toplumda insanların kırk yaşından sonra sinirsel çöküntüye uğramaları çok sık raslanan bir olaydır. Çöküntünün kurbanları yakından incelenecek olduğunda görülüyor ki, çöküntüye uğrayan şey erkeğin o zamana kadarki yaşam tarzı olup geride bıraktığı şey de kadınlaşmış bir erkektir.

Tersine olarak aynı çevrelerde o yaşlarda olağanüstü bir erkek-

(***) a.g.e. s.82

lik ve akıl bakımından katılık sergileyen öyle kadınlara raslanıyor ki yüreklerini, duygularını geri plana atabiliyorlar. Gerek erkekte gerekse kadındaki bu dönüşümlere pek çok kez evliliklerinde yaşadıkları her türden felaket eşlik ediyor. Çünkü erkek kendinde ince birtakım duygular keşfedecek, kadın da aklını kullanacak olduğunda neler olacağını tasarlamak hiç de zor olmasa gerek" (*) (11.y.ö.)

Jung, dişi ve erkeğin karakteristiklerine, özellik ve ilkelerine anima ve animus diyor. Bu iki karakteristik her insanda var. Yaşamın birinci yarısında insan, genellikle yalnız bir tek yanını geliştirip açarken öteki yanını bilinçdışına itiyor, bastırıyor. Erkek yalnız erkekliğine ağırlık verecek olduğunda, anima bilinçdışına çıkıyor ve kendini kaprisler ve şiddetli heyecan, yoğun sevgi biçiminde belli ediyor. "Anima, meslek çerçevesindeki ve her iki cinsten insanlar arasındaki tüm duygusal ilişkilere güç katıyor, onları abartıyor, sahteleştiriyor ve mitolojikleştiriyor"

Bastırılan animus, kadınlarda kanaatin sabitleşmesi şeklinde belli ediyor kendini. Bu kanaatler bilinçdışı birtakım varsayımlara dayanmakta ve bu yüzden hiçbir şeyden etkilenmemektedir. Bunlar ardı arkası soruşturulamayacak türden dokunulmaz ilkeler olup kendinden menkul kanaatlerdir.

"Intellektuel kadınlarda animus, intellektuel ve eleştirel olması gereken bir kanıtlama eğilimine yol açarlar, ama bu eğilim de ikincil

---

(*) Jung, Toplu Eserler, 8.Cilt s.453

(11.y.ö.) Jung burada, anima ve animus gibi (bak. 7.y.ö.) tasarı-imgelere, fiziksel verilerden yola çıkarak destek ararken, psikoloji gibi insan bilimlerine salt doğa-bilimlerinden çok, yüzeysel kanıtlar aramak gibi bir ilkelliğe saplanıyor, bilimsel dünyalar arasındaki farklılık onu kaygılandırmıyor! Oysa farklı sosyal topluluklarda aranacak ortak niteliklere esas olarak, (kadınlarda ses kalınlaşması, erkekte yüz çizgilerinin yumuşaması v.b. gibi) fiziksel özelliklerin benzerliğinden değil, yaşanan sosyal koşulların (aile yaşamının vb.) benzerliğinden yola çıkılmalıydı ve o zaman da sosyal koşullar arasındaki "farklılık" elbette anima ve animus gibi soyut ve genelleştirilmiş tasarı-imgelere yol açmayacaktı.

bir özelliği, anlama aykırı düşen merkezi bir özellik durumuna getirmeye yatkındır. Ya da apaçık belli bir tartışma, bambaşka, hatta tamamiyle aykırı süreçler işin içine sokularak karman çorman yollara saptırılır. Bu tip kadınlar erkeği bilmeden kızdırmaya yönelirler, böylelikle tamamıyla animus'un içine düşüp kalırlar".

Erkek eğer içindeki dişi karakteristikleri, yani duygularını, yaratıcılık ve inceliği bağışlamayacak olursa bunları kadına yükler (projeksiyon) ki kadın da onu böylece büyülemiş olur. Projeksiyon, yani duyguları başkasına yüklemek daima büyülenmeye yol açıyor (12.y.ö.) Güçlü duygularla yüklü genç insanların birden aşık olması hep projeksiyonla ilgilidir. Yaşamının ikinci yarısında erkekten projeksiyonlarını geri alması beklenir. İstenir ki erkek, kadında kendisini çeken ne varsa hepsini bağrında taşıdığını açığa vursun, doğrulasın. Oysa erkekliğini düşünüp buna saygı duyan bir erkek için böyle bir itiraf hiç de kolay değildir. Jung, bunun büyük bir güç ve kendine acı verici tarzda bir dürüstlük gerektirdiğini vurguluyor: "İnsanın gölgeyi tanıyabilmesine çırak işi derim, ama anima ile iyi geçinebilmesi usta işidir ve bunu pek az insan başarabilir".

Anima'ya tartışmak için Jung değişik yollar gösteriyor. Birinci yol, duygu, heyecan ve hevesleri başka işlerle uğraşarak geçiştirme yoluyla bastırmaya kalkışmamaktır ya da bunları birer zayıflık olarak hoş görüp küçümsemektir. Bu "küçümseme ve inkar mekanizmasına" daha yakından bakmak ve bilinçdışının "heves ve heyecan şeklindeki belirtilerini" ciddiye almak gerekiyor. Önce kapristen başlasak ve bilinçdışına öylece kendini ifade etme, yani bilince ulaşma fırsatı versek diyorum: Heyecanlara, bana ne söylemek, bilinçdışındaki hangi arzu ve tasarıma işaret etmek istediklerini soracak olursam sözü kendi içimdeki anima'ya bırakıyorum. İnsanın kendi duygu ve hevesleriyle ve de bunlarda yatan bilinçdışı öğelerle öylece konuş-

---

(12.y.ö.) Büyülenmeyi böyle tanımlamanın yanlış olduğu konusunda bakınız: Projeksiyon, s.19. İçimizdeki Kavga, Belge Yayınları,1992

ması, Jung'a göre, anima'nın eğitilmesi açısından önemli bir tekniktir.

Anima'yı tartışmaya yönelik öteki yollar, duygusal güçlerin, herkesin içinde taşıdığı sanat eğilimlerinin bilinçli gelişme yollarıdır.

İnsanla kendi anima'sı içinde karşılaşan bilinçdışı dünya tehlikelerden hiç de yoksun değil. Bu dünya, bilinçli dünyada deneyim kazanmış birini yalnız güvensizliğe sürüklemekle kalmaz, ona el koyup yutabilir de. O yüzden insanın, kendi bilinçdışıyla kendine fayda sağlayacak biçimde karşılaşabilmesi için bir korumaya ihtiyacı var ve bu korumayı da, Jung'a göre, din kendi simgeleriyle sağlıyor. Din, anima'daki duygusal ve yaratıcı yönleri yakalıyor, böylelikle insan için bir ana, ona hayatı armağan eden ana, bağrından içebileceği bereketli bir kaynak, onu canlı ve yaratıcı tutan bir kaynak rolünü oynuyor (13.y.ö.)

(13.y.ö.) Din, anima'da kişiselleştirilen bir tasarı-imge olarak ana'yı, sadece insan yavrusunun "bağrından içebileceği bereketli bir kaynak vb." olarak gösterirken doğaya paralel yönde davranıyor. Ne var ki ana aynı zamanda çocuğunu sütten keserek, onu çaresizliğe (boşluk duygusuna) itmek zorunda kalan, ama çocuğa böylece bağımsızlaşmasını kazandıran, çocuğun kendisine sevgiyi öğretecek bilinçdışı imgeleri yaratmasını sağlayan —anima gibi bir tasarı-imgeden çok— nesnel bir yaratıktır (bak. İçimizdeki Kavga, Belge Yayınları, 1992 ve Çocukken Başlar İsyan, 1993). Çocuk bilinçaltında edindiği o boşluk ve çaresizlik duygusunu ortayaşlardaki yetişkin durumunda da, ama yine bilinçaltında yaşar ve "sığınca ve güvenceyi tam da ortayaşlarda arar". Çünkü yaşamda verdiği mücadelelerde insan, giriştiği eylemlerin sonuçlarının kendine ne ölçüde başarı sağlayıp sağlamadığını görüp tartacak ve bu durumda artık pes edip etmemeye ya da hırsını sürdürüp sürdürmemeye karar verecek duruma gelmiştir (Ancak modern insanın ömrü açısından "ortayaşın" daha ilerki tarihlere ertelenmesi gerektiğini günümüzün genel sağlık koşulları gösteriyor). Ne var ki artık çok geçtir, iş işten çoktan geçmiştir! Çünkü insan artık yetişkin biridir. Daha çocukluğunun başında bilinçaltında yer etmiş olan eğilimlerinin peşinden gitmiş ve bilinçaltında daha o zamanlar —ana sütünden kesildiği dönemden beri— yer etmiş olan suçluluk duygularından (bak. Emzik Çocuğu Nasıl Kapitalist Oldu? "Çocukken Başlar İsyan" 1993, s.157-162), özellikle Kefaret Ödetme duygusundan kurtulma ihtiyacının bilincine ulaşmıştır. Bundan sonraki ilk

Din insana anasında aradığı sığınacak bir yer, bir güvence sağlıyor ve onu çocukluğunda anasına olan bağından ötelere götürüyor ("daha ötelere" aslında şu demek: Daha ilk çocukluğunda bilinçaltında, M. Klein okulunun deneyimleri sonucu, belirdiği anlaşılan suçluluk duygu ve imgelerine ve bizim Üst-Ben desteğinde belirdiğini vurguladığımız Kefaret Ödeme duygusu gibi aslında kapitalist eğilimlere yol açan bir duyguya götürüyor-y.ö.). İnsan anasına bağlı kalırsa, Jung'a göre, duygularının esiri olur ve ruhsal sağlığı tehlikeye girer. Anaya olan bağlılık çoğu kez bilinçdışı olup kendi anima'sının (yine bilinçdışının bir ürünü olan bir tasarı-imge olarak-y.ö.) onun için ana rolünü oynayan bir kadına projeksiyonunda gösterir kendini. Bilinçdışı eğilimler, onun içine önceden tahmin edilemezcesine doğduğundan insan sığınca ve güvenceyi tam da ortayaşlarda arar. (14.y.ö.)

Bilinçdışının böyle bilincin dışında kalmasından duyulan korku, erkeği kadının koruması altına itiyor ve kadın sahip çıkma veya mülk edinme duygusunu baştan çıkarıcı bir tarzda yaşadığı için bu korku, kadına erkek üzerinde gayri meşru bir güç sağlıyor. Din, Jung'a göre, erkeğin anima'nın bereketini tanıması ve onu, kadın tarafından büyülenmekten koruması için etkili bir araçtır. (15.y.ö.) Onu bu büyülenmeye iten şey kendi anima'sının somut bazı kadınlara yö-

---

hedef, artık bilinçaltına yönelmek ve bu duyguları yerinde saptayarak onlardan arınmaktır. Çünkü insan Kendi denen Bütün'e önce ancak bu yoldan ulaşabilir.

(14.y.ö.) Oysa güvence ihtiyacı, çocukluğun ilk dönemlerinde çocuğun sütten kesilince içine düştüğü Boşluk duygusunu dengelemek üzere yine o dönemde doğuyor, yani insan daha yetişkin olarak "çevre kirlenmesine uğramadan çok önceleri"... O nedenle çocuk bu kirlenmelerden arınmaya ihtiyaç duymayacak kadar "temiz ve saf" bir yaratık olarak dolayısıyla "bilinçaltına yönelerek arınma" bilincine henüz varamayan bir yaratık olarak "tanrıya yönelme ve özgürleşme bilincinden" yoksundur. Özetle tanrıya yönelmek ve özgürleşmek için önce kirlenmemiz ve tıpkılaşmamız gerekiyor! Bilinçlenmenin yarattığı garip bir çelişki!

(15.y.ö.) Bu ifadeler, psikoanalitik deneyimlerden, ne yazık ki uzak gerçek dışı birer yorum olmaktan öteye geçmiyor.

nelttiği projeksiyondur. Ama din, aynı zamanda anima'nın tüm bereketli ve yaratıcı güçlerini yaşamak imkanı da sağlar ki bu güçler onun kendi canlılığı için gereklidir. Çünkü anima'nın güçleri (yani anima olarak "kişileştirilmiş tasarı-imgeleri yaratan dürtüler" demek isteniyor-y.ö.) olmadan insan; canlılığını, esnekliğini ve insanlığını yitirir.

"Kireçlenme, stereotipi (kalıplara bağlılık), fanatik tekyanlılık, dikkafalılık, ilkelere düşkünlük ya da tersi, yani tevekkül, yorgunluk, pasaklılık, sorumsuzluk ve sonunda alkol düşkünlüğü gösteren yumuşak kafalılık olmasa bile, genelde vaktinden önce donuklaşma başlar" (*)

Erkek, anima'sıyla nasıl yaşamak zorundaysa kadın da kendi animus'uyla öyle yaşamak zorundadır. Kadın, animus'unu kendi bilinçdışı dünyasından aklına birdenbire gelebilecek şeyler için giriş kapısı olarak kullanmalı. Bilinçdışını daha yakından tanıma imkanı şeklinde yararlanmalıdır ondan. O, sarsılmayacak kadar sağlam, dokunulamayacak kadar geçerli ilkelere dayandığını sandığı görüşlerinin kaynaklarını eleştirici nitelikte soruşturmalı ve araştırmalıdır. Böylece o kendisine rasyonel gibi gelen kanaatlerinin bilinçdışına sarkan önkoşullarına raslayabilir. Ve animus böylelikle kadının kendileşmesi için zorunlu olan bereketli ve yaratıcı güçlerin yaşadığı bilinçdışına doğru uzanan bir köprü haline dönüşür.

Animus'un bütünleşmesi (yani kendi denen bütün'le tamamlanıp bütünleşmesi-y.ö.) açısından, dinin erkekte olduğundan ayrı bir işlevi var. Kadın açısından en başta zevklerden el çekmeye yönelen, bu arada kadını sakınan ve koruyan, analıktan öteye kendini eylemde ve sorumluluk altında görmeye yönelten ahlaki gerekler önem taşıyor. (16.y.ö.)

(*) Jung, Mektuplar III, 1956-1961, s.225

(16.y.ö.) Yazar Anselm Grün, burada özellikle kilisenin üyesi ve erkek egemenliği geleneğinin, islam topluluklarındakinden farksız bir savunucusu olarak ortaya çıkıyor ve kadının ana oluncaya kadar, sanki eylemsiz olarak sorumluluk

Animus anima'ya biçim kazandırmak zorunda ise, babanın (aslında içgüdüsel bir hareketle yola çıkan, dolayısıyla-y.ö.) talep eder karakterdeki akıl-ruhu (17.y.ö.) anima'yı döllendirmeli... Böylece din, anima'yı yaşamını geliştirebileceği bir biçim ve kıvam verebilir. Ayrıca anima ve animus'un birbiriyle bütünleşmesine yardımcı olan şey de insana hem güvence sağlayan hem de ondan taleplerde bulunarak ona biçim verebilen toplumdur. Kendini topluma karşı kapalı tutan kimse, kendini yaşamın akışından kesip koparmış oluyor. Bunun nedeni kendi duygularını ve kendindeki değerlerin zayıflığını saklamaktan geliyor. Yalnızlık veya kendini yalnızlaştırma o bakımdan sadece ilişki kurma yeteneğinin eksikliğinden kaynaklanan bir sorun değil, alçak-gönüllülüğün eksikliğinden gelen bir sorundur. Kim kendini çevresindeki insanlara açmakta kibirli ve gururlu davranırsa o kendini yalnızlaştırıyor demektir. Yeterli ölçüde alçakgönüllü olan biri hiçbir zaman yalnız kalmaz. Dışarıya yönelik olarak oluşturduğu kişiliğinin içinde, kim anima ve animus'un kendisini sorgulayan güçlerince durmadan oyuklar açılmasına izin verir, kim bağrındaki karşıtlıkların yüzüne dürüstçe bakar ve bulunduğu ruhsal durumu ve savunduğu görüşlerin ardındakileri hep sorgular, kim kendini başkasına açmakta yeterince alçak-gönüllü davranırsa, anima ile animus'u (gibi tasarı-imgeleri-y.ö.) bütünleştirmek ve bunları ruhsal bir dengeye kavuşturmak açısından, toplum ona etkin bir destek sağlayacaktır. (18.y.ö.)

---

altına girmeden yaşadığını sanıyor. Ve böylece Jung'un psikolojik gerçeklerden çok ideolojik yakıştırmalara dayanan tuzağına düşüyor.

(17.y.ö.) Alman kültür geleneği paralelinde, özellikle Hegel'den bu yana kullanılan, ama yazar Anselm Grün'ün de psikoloji düzleminde gerçek işlev ve anlamını hiç tanımlamaksızın öyle rasgele kullandığı Akıl-Ruh (Geist, Esprit) kavramının, aslında duygusal bir dürtü şeklinde bilinçaltındaki Telafi Dürtüsü'nden kaynaklandığı konusunda bak: Bilinçaltından Aklın Ruhuna Ulaşmak, Anahtar Yayın, 1992, s.111-112.

(18.y.ö.) Burada A. Grün'ün ağzından konuşan C. Jung, yetişkin insandaki —psikoloji düzleminde henüz iyice aydınlanmamış olan— vicdan konusunda,

(d) Ölmeyi kabullenip tanrıyla karşılaşmayı beklerken

Kendi'ni gelişmeye açmak

İnsanın ortayaşlarda karşılaştığı asıl sorun eninde sonunda onun ölüm karşısındaki tutumudur. Aşağıya doğru inmeye başlayan yaşam grafiği artık ölüme doğru yol almaktadır. İnsan ancak ölümden sonra yaşamayı sürdüreceğine inanırsa dünyadaki yaşamının sonu yani ölüm mantıklı bir hedef sayılır. Yaşamın ikinci yarısının ancak o zaman anlamı ve görevi vardır. Jung'a göre, ölümden sonraki yaşam bir inanç sorunu değil, ruhsal bir gerçektir ki insan ruhu bunu mantıklı buluyor, kendine ona göre çekidüzen vermekle sağlıklı kalıyor. Ortayaşlarda insan kendini ölüm olayına yakın hissetmeli. Psikolojik yaşam grafiğinin artık inişe geçtiğini fark etmelidir. Jung şöyle diyor: "ortayaşlılığından sonra ancak canlı yaşamıyla birlikte ölmek isteyen insan canlı kalabilir". Ölmekten duyulan korkuyu Jung yaşamdan duyulan korkuyla belli bir bağlam içinde görüyor:

"Öylesine özledikleri yaşamdan aslında panik derecesinde korkan genç insanlar ne kadar çoksa, yaşlanmakta olan insanlar arasında ölümden aynı derecede korkanların sayısı belki daha fazladır. Yaşamaktan korkan genç insanların sonraları aynı şekilde ölüm korkusuna kapıldıklarını gördüm. Gençseler deniyor bu insanlar için, yaşamın normal taleplerine karşı çocukluktan gelme dirençleri var; ama yaşlanınca da aynı şeyi, yani yaşamın normal talepleri karşısında yine aynı şekilde korkuya kapıldıklarını söylemek lâzım. Ama ölümün bir sürecin sonu olduğundan öylesine eminler ki, kimsenin aklına, ölümü, yükselen gençlik yaşamında amaçladığımız hedeflerin ve beslediğimiz niyetlerin yerine gelmesine benzer biçimde, bir hedef veya hedefine kavuşma olarak görmek gelmiyor".

---

anima ve animus gibi kişileştirilmiş tasarı-imgeler yoluyla, psikolojiden çok, ahlaki ağırlıklı yorumlar yapıyor. Oysa vicdanın kökeni konusunda daha gerçekçi araştırmalard a var (bak. İçimizdeki Kavga, s.56 ve Çocukken Başlar İsyan, s.144)

Yaşamın bir hedefi var. Gençlikte bu hedef insanın dünyaya yerleşmesi ve bir şeye ulaşması biçimindedir. Yaşamın ortalarına ulaşıldığında bu hedef değişiyor. Ne var ki değişen bu hedef, yaşam grafiğinin doruğunda değil, gerçek yükselişin başladığı vadidedir ve bu hedefe daha vadide yönelmek gerekiyor. Kim bu yönelimi tutturamıyor, çırpına çırpına yaşamına şiddetle tutunmaya çabalıyorsa, onun ruhsal yaşam grafiği de biyolojik yaşam çizgisiyle ilişkisini koparıyor demektir: "Yaşam eğrisinin parabolü aşağıya doğru inerken onun bilinci hâlâ havalarda yüzüyor", ölümden duyulan korku artık yaşamak-istememeye dönüşüyor. Çünkü yaşamak, canlı kalmak, olgunlaşmak imkanı olan kimse ancak hedef olarak ölüme doğru yol alan yaşamın yasalarını kabul eden biridir. Hedef olarak gözlerini ölüme doğrultacak yerde pek çokları geçmişe bakarlar. Biz hepimiz gerilere doğru bakıp otuz yıl öncesinin çocuksu kalan genç insanına acırken günümüzün toplumu, delikanlı gibi gözüken ve öyle davranan yaşlı insanlarına hayranlık duyuyor. Jung, hem acıdığımız hem hayranlık duyduğumuz o insanı "hiçbir yaşam stili olmayan, aykırı ve psikolojik doğaya ters düşen insanlar" olarak niteliyor. "Mücadele etmeksizin kazanan genç bir insan, gençliğinin en iyi imkanlarını elinden kaçırmıştır, ama doruklardan vadilere çağlayarak, akan derelerin esrarına kulak vermesini bilmeyen bir yaşlı da akılsız biridir, ruhun donup katılaşmış geçmişten başka bir şey olamayan mumyasıdır. O, kendini köhneyinceye kadar durmadan tekrarlayan bir makine —kendini durmadan aynen-yeniden üretmekle tıpkılaşan bir insan-y.ö.— gibi dışındadır yaşamın. Nasıl bir kültür ki bu, böylesine insanların gölgelerine muhtaçtır?" (19.y.ö.), (*)

Yaşlılıkta gelecekten duyulan korkunun tipik bir belirtisi de

---

(19.y.ö.) karşılaştır: "Kültürleme-Kültürlenme Süreci" (Doğa-Bilim Dergisi, 1982). Deneyim ve tıpkılaşma nedeni olarak "özdeşleşme ihtiyacı" konusunda bak "Bilimlerde ve Sanatta Diyalektik", s.175.

(*) Jung, Toplu Eserler 8.cilt, s.466

gençlik zamanına tutunmaktır.

Jung şöyle açıklıyor:

"Öğrencilik yıllarını durmadan anmak zorunda kalan ve yaşam alevini ancak Homer'in kahramanlık çağlarına bakarak üfleyebilen, öte yanda iflah olmaz bir taşkafalılığa gömülmüş, ama insanı yine de duyarlılaştıran yaşlıları tanımayan var mı?" Kendini yaşlılığa hazırlayacak yerde ebedi genç kalmak, Jung'a göre yaşamının ikinci yarısında insandan "kendini aydınlatma yolunda verilen acınacak bir ödündür".

Ortayaşlardaki insanlar bugün yaşamlarının ikinci bölümünde kendilerini bekleyen şeylere hazır değiller. Bunun nedeni olarak Jung "Gençlik için okullarımız var, ama kırk yaşındakiler için ortayaş konusunda eğitim veren okul yok." Eskiden dinler bu eğitimi veren birer okul rolünü oynuyordu, yaşamın ikinci yarısının sırlarına hazırlıyordu insanları. Dinler, insanı dünyaya tutunmaktan öteye, insanın gerçekten insan durumuna geldiği bir alana götürdükleri için, Jung ortayaşlardaki insana bugün dinden başka hiçbir okulu salık vermiyor.

Jung'a göre, insan kendini ancak tanrısal olanı içinde yaşadığı zaman açıp geliştirebilir. Aziz Paul'un "Artık ben yaşamıyorum, İsa bende yaşıyor" sözü, yani tanrının bizdeki kavranış biçimi, Jung açısından, Kendi'ne ulaşmış olan (20. y.ö.) insanın deneyimini ifade ediyor. Ve ortayaşlarda insana düşen şey, kendini tanrıya teslim etmek için o daracık Ben'ini gönül rahatlığıyla serbest bırakmasıdır (21.y.ö.) Kendini tanrıya teslim etmeyi reddeden biri kendi'nin bü-

---

(20.y.ö.) "Kendi'ne ulaşma", bizce "insanın, kendileşme sürecinde örneğin içinde Boşluk veya Çaresizlik hissettiği zaman, tehdit edilme ve buna karşılık kefaret ödetme duygularının, özellikle çocukluğunun ilk yılında, bilinçaltında köklendiğini tespit ederek Ben'ini bu duygulardan arındırdığına, dolayısıyla bilincin kendini bilinçaltına tamamladığına veya bütünleştirdiğine inandığı ya da hissettiği" bir durumdur. (Bak. Çocukken Başlar İsyan, 1993, s.157-158.)

(21.y.ö.) Çünkü insanın kendi Ben'ini "arındırması" (yani gönül rahatlığıyla

tünlüğüne ulaşamaz, dolayısıyla ruhsal sağlığına kavuşamaz (22.y.ö.). O nedenle yaşamının ikinci yarısında pek çok insan için asıl problem dinsel niteliktedir (23.y.ö.). Jung şöyle diyor: "Ortayaşı, yani otuzbeşini aşmış bütün hastaların arasında sonunda sorunları dinsel tutumlarına gelip dayanmayan yok. Evet, eninde sonunda hepsi, yaşayan dinlerin kendi inananlarına her zaman vermiş oldukları şeyleri yitirdiklerinden dolayı hastalandı ve dinsel tutumuna artık bir daha yeniden kavuşamayan hiç-biri gerçekte şifa bulamıyor (24.y.ö.). Aslında bu olayın belli bir din veya mezhebe bağlı olmakla hiç ilgisi de yok.

özgür bırakması): İnsanın, çocukluğunun ilk döneminden bilinçaltında kalan şu birbirine karşıt duygular ikilisini —sütten kesildiğinde düşülen çaresizlikten doğan tehdit edilme duygusu ile buna karşıt olarak güvence sağlayıcı kefaret ödetme duygusunu— bir daha hissetmeyeceği bir duruma, yani bu diyalektik ikiliyi kaynağında saptayıp ondan arındırarak kurtulacak bir duruma ulaşmayı imgeleştirip tasarlaması demektir ki, böyle bir arınma, insanın bilinçaltından bilincinin zenginleşmesine doğru —"kirlenme"sine doğru— geliştiği sürecin, kısacası "ileriye dönük kendileşme süreci"nin ters yönünde olur, yani bu kez bilinçaltına doğru "geriye dönük kendileşme sürecinde"... Bu geriye dönük süreç insanın kendine oto-psikoanaliz yapmasıyla mümkündür.

(22.y.ö.) Kendini, geriye dönük kendileşme sürecinde (Tehdit Edilme ve Kefaret Ödetme şeklindeki) birbirine karşıt duygu ikilisinden arındırdığını sanan birinde, (1) bu duygular aslında daha çocukluğun ilk döneminde bilinçaltında filizlendikleri için (2) yetişkinlik döneminde de korku, bilvesile suçluluk duygusu, dolayısıyla vicdan biçiminde yansımaktan geri kalmazlar. Ruhsal sağlığa kavuşmak denince kastedilen şey, korkudan arınmak ve vicdanın arınması —yani yetişkin dönemdeki korku ve suçluluk duygularından arınmak— "tanrıya arınmış olarak kendini teslim etmek" olmalı.

(23.y.ö.) Yetişkinlik döneminin bilinçli dünyasında yaşanılan, ama kökleri ilk çocukluğun bilinçaltı dönemine kadar uzanan Tehdit Edilme ve Kefaret Ödetme duygularından arınabilmek psikoloji düzleminde ancak bilinçaltına (yani bu duyguların doğum yerine) yönelmek suretiyle olur; ama dinsel soyutlama düzleminde ise yine psikoloji düzlemindeki duygulara bu kez bilinçli bir soyutlamayla kabuk değiştirterek yine bilinçaltına çok geç de olsa yönellmek suretiyle olabilir.

(24.y.ö.) "Dinin vermiş —biçimsel pratikler bağlamında öğretmiş— olduklarını yitirmek" aslında bilinçaltında çocukluktan kalma Tehdit Edilme ve bunun

İnsanın ruhsal sağlığı için gerekli olan tanrı imgesiyle karşılaşmak açısından Jung, ruhani yazarlarda bulduğumuz araç ve yöntemlerin aynısını sunuyor. Jung insanın kendini tanrıya verişindeki kurbandan, kendini kazanmak uğrunda kendi Ben'inden bir şeyler feda ederek verdiği kurbandan söz ediyor. Jung'un, ortayaş insanından beklediği; içedönüş, meditasyon ve riyazetle oluyor. Yalnız başına yaşamak ve niyetlenilen oruç onun için "bilinçaltına giden yolu açacak olan meditasyonda destek vermek için eskiden beri bilinen araçlardır". Böylece bilinçaltına girmek, kendi içinde derinleşmek insanın yenilenmesi ve akıl-ruhunun yeniden doğuşudur (25.y.ö.) İsa'nın sözünü ettiği define, bilinçaltında saklı duruyor ve bu defineyi çıkarmak üzere ancak dinin (26.y.ö.) araç ve simgeleri yetenekli kılıyor insanı. İsa öldüğünde cehenneme nasıl indi ise insan da, bilinçaltının gücüyle kuvvetlenmiş olarak yeniden doğmak için, bilinçaltının karanlıklarından geçerek kendisiyle yüzyüze geldiği o cehennem yolculuğunu yapmak zorundadır. Ortayaşın bunalımları içinden geçen (27.y.ö.) ve bunalımlar boyunca kendisini tanrının dönüştürücü gücü-

---

karşıtı olan Kefaret Ödetme duygularını böyle bir pratikle bastırma olayının yeterli ölçüde mümkün olmadığını kavramaktır. "Dinsel tutuma yeniden kavuşamamak" ise bastırma olayını yeniden, ama daha derinlemesine deneyecek gücü kendinde bulamamaktan geçiyor. Burada temel sorun, görülüyor ki herhangi bir dinin kendi pratiği çerçevesinde öğrettiği yüzeysel bastırma eylemi değil; bastırmanın, insanı çocukluktan kalma bu bilinçaltı duygulardan arındıracak ölçüde derinlemesine, çocukluk çağının ilk dönemlerine —bir daha şifa bulamayacak ölçüde— inecek kadar derinlemesine olması gereğidir. (bak. Bilinçaltından Aklın Ruhuna Ulaşmak, Anahtar Yayın, 1992, s.76 ve Çocukken Başlar İsyan, 1993, s. 157)

(25.y.ö.) Akıl ruh ve onun çalışma tarzı konusunda bak. Bilinçaltından Aklın Ruhuna Ulaşmak, Anahtar Yayın, 1993, s. 109-112

(26.y.ö.) Daha doğrusu, bilinçaltı psikolojisinin... çünkü bu araç ve simgeleri imgelemiyle (fantazileriyle) tasarlayıp yaratan yine insandır.

(27. y.ö.) İnsanın "kendi kendine psikcanaliz yaptığı" bu içine-dönüş sürecinde insan bilinçaltının "karanlıklarından" geçerken Kendi dediğimiz Bütün'ünü Yaşıyor: Bilincin aydınlığı ve sonra Bilinçaltının Karanlığı'ndan oluşan Bütünü!

ne bırakan insanın yaşadığı bu deneyimin sonuçlarını Jung şöyle özetliyor:

"Kendilerine geldiler, kendilerini kabullendiler; kendileriyle barışacak durumdaydılar ve kendilerine aykırı gelen durum ve olaylarla böylece uzlaşabilmişlerdi. Bu, eskiden şu sözlerle ifade edilen şeyin aynısıydı: Tanrıyla barıştı, tanrının iradesine boyun eğmek (28.y.ö.) suretiyle kendi iradesini kurban etti."

Kendini tanrı tarafından dönüştürülmeye bırakma, yani ruhani (bilinçaltından-y.ö.) yeniden-doğuş (bir başka deyişle, iradenin çözülmesi sonucu bilinçaltının diliyle konuşmak-y.ö.) ömrün ikinci yarısının görevi, tehlikelerle ama vaatlerle dolu bir görevidir ve bu yeniden-doğuş, psikolojik bilgilerden daha çok dindarlığı, içimizdeki tanrıya kulak vermek için içe dönme hazırlığını gerektirir (bilinçaltına açılıp dönüşmeye hazırlanmayı-y.ö.) .... Tüm ruhani çabasıyla.

Ve işte bu Bütün'dür, İnsanın Kendi!.. Çünkü bilinçaltını dolaştığımız bu "geriye dönük Kendileşme Süreci" içindeki kalıntılar depreşip simptomlar halinde su yüzüne çıktıkça kendi'miz de belli oluyoruz.

Ne var ki kendi'miz olarak bütünleştiğimiz bu süreci bu şekilde oto-psikoanaliz durumunda yaşamak psikiyatrik açıdan oldukça ideal bir tutum. (bak. Çocukken Başlar İsyan, s.157

(28.y.ö.) Kendi denilen Bütün'ü yaşamaya (yani kendileşme sürecini tamamlamaya) meditasyon ve riyazet yoluyla kendine Oto-Psikoanaliz uygulayarak girişmek suretiyle ... ki kendileşme'yi sağlayan gücün (burada, oto-psikoanaliz yapmayı, iradeyi yıkıp kendini bilinçaltına açarak insanın dönüşmesini sağlayan gücün) yine insanda olduğu belli olsa da, idealistler için bu güç, tanrının iradesine boyun eğmek, onunla barışmak kısacası... insandaki tanrının belirme şekli anlamına geliyor.

diyor Jung, ortayaşların insanı kendini kendileşme (bilinç ve bilinçaltı dünyalarından birlikte oluşan bütün'ü tamamlama, yani bilinci bilinçaltı dünyasıyla birlikte oluşan ve Kendi denen bütün'e tamamlama-y.ö.) görevine vakfetmeli, kendi gücümüzle başaramayıp ancak kendimizi tanrıya (bilinçaltında keşfedeceğimiz "mantıkçı-akıldan ve tıpkılaşmaktan kurtulma sürecine", dolayısıyla anlamcı-akıldaki imge-alternatifleri arasında yer alan sevgi imgesine doğru özgürleşme dürtüsü ve sürecine - y.ö.) teslim etmekle başarabileceğimiz bu göreve adamalıdır.